ちくま学芸文庫

思考と論理

大森荘蔵

筑摩書房

目次

思考と論理

まえがき

「思考と論理」という標題はいかにも自然で当然な組み合せで、そのために放送大学の授業課目に選ばれたものなのだろう。しかし、この印象に反して、この題を持つ書物や論文は非常に稀で、またこの題を持たないまでもその内容がこの題に近いものも殆んど見当らないのが実情である。このために本書を教科書の定石に従って、あれこれの「定説」を紹介してそれを解説するという形で書くことはできないで、やむなく未熟な私見を述べる、ということになった。そのため、大分以前に書いた小論を骨格として、それをできるだけ解説的に敷衍することにした。従ってこの授業を聴講される方はこのことを承知されて、確定した知識を学習するというのではなく、自分自身の意見を作り上げるための一つのたたき台として、批判と反撥をもって本書に対して戴くことを願っている。これは大学の授業としてはむしろ当り前のことだろうが、立ち入った質疑応答ができない放送授業ではかなり困難ではあるだろうができないわけではないと思う。

一九八六年一月

大森荘蔵

1 概説的序論

本章の目的

この章では本書「思考と論理」の全体のテーマとその展開を概観することでもって、全体の序論とすると共に要約としようと思う。

本題の誤解

この講義の題目である「思考と論理」という表題には人を誤導し易いところがある。というのは、思考にせよ論理にせよ、普段何気なく使われている言葉であるために、その組み合せをみて人は早合点をしてしまう恐れがある。思考、というのは物を考えることだし、論理というのは考えるときの筋道のようなものだろう、だから「思考と論理」といえば物を考えるときの筋道のことだろう、考えるときの正しい考え方とか、間違った考え方とか、そういったものだろう、このような早合点に人を誘いこむのではないだろうか。

「思考」の曖昧さ

この早合点に対する責任の一半は「思考」という概念の曖昧さにある。人々は気安く「思考」という言葉を使うが、一体思考とは何を意味しているのか何等の合意もないままである。この意味上の無政府状態の中で「思考」というものに必要以上に固苦しい解釈が与えられてきている。難問題を解こうと頭をかかえてあれこれ苦慮するような「考え事」が思考であるかのように思われるに至った。問題解決の思考が思考一般の典型だと思われるようになったのである。

「思い」も思考

私はこのような思考の取り方を改めねばならないと思い、思考の意味を柔軟化することに務めた。思考とは頭の痛い考え事を含むとともに、遥かに素朴で日常的な「思い」もまた思考であることを指摘したいのである。この種の思いは、食事、家族、友人知人、旅行等、日常の諸事万端について誰でも持っている平凡な経験である。

「思い」の言語化

しかし、この種の思いが言語的に表明されていることは稀である。多くの思いはそれが日常的な思考であればある程沈黙のうちになされるのが普通であり、それを後刻に想起するときに初めて言語化される。この意味で、思考の想起とは実は過去思考の言語的制作と言うべきではないかとさえ思われる。これは些か異常な考え方でもあるので一章を構えて説明した（3章）。

言語規則説

さて、「論理」については一貫して言語規則説と呼ぶ考え方を提示してきた。それは、形式論理学は若干の語の意味規則から導出される、という見方である。この見方の正しさを示すには何よりも実際にその導出を実演してみることが一番である。そこでまず、導出さるべき形式論理学として現在行なわれている記号論理学を目標にとり、まずその初等的部分である命題論理学をとり、次いでより一般的な述語論理学にまで拡張した。しかし、記号論理学になじみのない読者が大部分であろうことを考えて、この記号論理学の導出は具体的な細部にまで立ち入ることを控えて、大筋だけにとどめる他はなかった。しかし、それにもかかわらず、言語規則説、すなわち、論理学は言語規則から導出されるという考えの正しさを証明する、という目的には充分であると思う。更に、この導出は同時に、論理学とは何か、という問題に対する一つの見解にもなっていることに留意してほしい。換言すると、この導出は同時に、いわば一つの論理学の哲学にもなっているのである。

記号論理学

ここで記号論理学とはどんなものであるかについて簡略に説明しておこう。記号論理学は古代ギリシャのアリストテレスによってまとめられた古典的な論理学と同様に形式論理学であることには変りはない。ただ一九世紀に数学の基礎についての研究が進む過程で証明や推論の概念が更めて反省されてゆくことによって形式論理学の深化と再編成が行なわれた結果が記号論理学である。その特徴の第一はその名が示すように、命題、接続詞、述語等を統一的に記号化したことである。記号化するとは単に符号をつけることではなくて、すべての概念を明確に自覚化して取り扱うと共に、記号なしには不可能であった一般化を可能にすることである。この記号化という点では代数学に類似している所から、記号論理学は当初屢々数学的論理学とも呼ばれた。この記号論理学は基本的に二つの段階に区分される。前段階は命題論理学と呼ばれ、そこでの基本要素は命題であって、接続詞による命題の接続が主たる対象である。次にこの命題の構造の内部に立ち入って、その主語や述語の結合のあり方、そしてそれによる普遍命題（「すべての x は A なり」等）や存在命題

（「……A……なるxが存在する」等）の分析を試みるのが後段の述語論理学と呼ばれる。更にこの述語論理学を通して集合論に至り、そして数学の全分野に接続しようとしたのがフレーゲ（G. Frege, 1848-1925）やラッセル（B. Russell, 1872-1970）であり、ラッセルとホワイトヘッド（A. N. Whitehead, 1861-1947）の共著である『数学原理』（*Principia Mathematica*）三巻（一九一〇―一三）は記号論理学の金字塔とみなされている。

我が国での記号論理

我が国でも論理学といえば古典形式論理学を意味した時代が長く続いた。記号論理学が本格的に導入されたのは第二次大戦後のことに過ぎない。そして本家のヨーロッパで記号論理学は論理実証主義やウィーン学団という経験主義と堅く結び付いていたが、それを反映して我が国でも戦後の経験主義の勃興の中心にはこの記号論理学があった。しかし現在では記号論理学の研究は主として数学出身の論理学者によって行なわれ、我が国にも多くの指導的学者がいる。(1) 註に入手し易い記号論理学教科書の若干をあげておく。本書自身は論理学についての論書（メタ論理）の一つとみなせようが記号論理学の教科書ではない。

思考と論理

こうして「思考」と「論理」についてそれぞれが何を意味しているかを明確に定めた上で、その両者の関係について考察することができる。だがこの両者の関係はその前段の分析、思考とは何か、論理とは何か、という分析の中に既にその半ばが現われている。すなわち、両者の関係は「言語」を仲介とした関係に他ならない。思考はそれが言語化される以前には論理と何の関係もない。だが、言語化した思考はその言語の規則から導出される論理にいわば自働的に適合するはずである。従って、論理的な思考を望むならば、その思考を正しく言語化することを努めればよい、ということになる。

以上がこの講義の主旨[2]である。この主旨の中核となる言語規則説は明確に一つの説として打ち出されることはないが大多数の論理学者が暗黙の中に採っている観点であると私には思われる。しかし、ここではそれらの人々が考えているよりもずっと明確にこの言語規則説を打ち出すことになった。そのため、それらの人からは、必要以上に明確であり、従って多くの点で誇張があると批判されるかもしれない。そういう批判を承知の上で規則説を明確に、――いくらか誇張的に――打ち出したのは、それによって読者によりくっきりした事態の形を提供することができると考えてのことである。それが妥当であったか、行き過ぎであったか、の判定は読者各位の判定にゆだねる以外にはない。

ただここで付け加えておきたいことが一つある。というのは、言語規則説の源流ともいうべき考えが既にカントの哲学の中にあったということである。現代の論理学者でカントに興味を持つ人はほんの一握りであり、一方カントの研究者の多くは記号論理学には一顧も与えないことから、このカントと言語規則説との接点は見逃がされてきたように思われるのでそれを改めてとり上げた（13、14章）。

ちくま文庫、30歳。

30th
hikumabunko

プレゼント実施中!
詳しくは裏面を
ご覧ください。

2　思考とは？

思考の意味の曖昧さ

「思考」とは一体何か、どんなことを含み、どんなことを含まないのか、こう問われて即座に答えられる人は稀だろう。明治の初期に奔流の如く流れ込んだ、今まで使ったことのない概念に訳語を大あわてで決めねばならなかった。「思考」もそういう言葉の一つである。従ってどちらかといえば間に合わせに急造された気味があり、以来日常生活に流通して形を整えることなく、学者の埃臭い書棚の隅に滞留していた。今更改めて思考とはなどと問うのはそのせいである。

「思い」としての思考

日常生活の中では思考などという堅苦しい言葉は登場しないのが普通であるがそれに近いものといえば「考えごと」だろう。しかし、今度は「考える」ということ自体が明瞭な境界をもっていない。然し、「考える」という言葉からして少し重苦しくかたくるしい作業に偏ってはいはしないだろうか。額や鼻にしわをよせて何事かを考えめぐらしたり、数学その他の与えられた問題の答をいろいろと考えたり、家計のアンバランスに気を病んで何とかせねばと心配しながら考えたり、「考えごと」とはとかく難しく気の重い種類の思考に注意をひき過ぎはしないだろうか。それは思考という熟語の中で「考」という字に過重な注意をはらい過ぎているように思う。もう一つの「思」の字にももっとウエイトをかけてみる方がよい。「思い」といえば、どんな簡単で日常的なことでも思考の中に入れられる。「思い」の主題は何であってもよく、また何かの問題解決でなくてもいい。明日の旅行、今晩のお菜、仕事の予定、会合の打ち合せ、何でもよい、日常茶飯のことであっても何かの形で思うこと、思い浮べること、思いが及ぶこと、思いをめぐらすこと、それらはすべて思考である。

本書で「思考」というときそれは上の「思い」のようにできるだけ広くゆるやかにとった意味での思考であることにする。思考と論理の間の関係を調べるときそのようにゆるやかにとった思考で十分であって、それより厳しく制限した思考をとる理由がないからである。例えば「論理的な思考」というといかにもいかめしい思考のように聞えるが、今晩のお菜についての主婦のありふれた「思い」であっても十分に「論理的思考」でありうるのである。もしその思考が十分論理的でない主婦があれば、毎日の買出しで赤字を出すかその家族が奇怪な夕食をする結果になるだろう。実際に、大多数の主婦の夕飯の「思い」は整然と論理的であることに間違いないと私に思えるし、読者も本書を読了した後ではそう思うであろうと私は確信している。というのは、「論理的」であるとは結局、言語規則に従っている、ということに他ならない、というのが本書の結論であるからである。換言すれば、規則通りに正しく言葉を使う、それが「論理的」であることなのである。精しくは10章「思考の論理性」で説明される。

知覚（perception）に対しての思考（conception）

「思考」という言葉はいかめし過ぎる嫌いはあるが、古臭い心理学の知・情・意という三分法を背景にして知に属するものとして情に対立したものと考えられている。本書でそれをゆるやかに拡張した「思い」にもまたこの分画が引きつがれている。それは、perception、即ち「知覚」に対するconceptionとしての「思い」である。知覚とは何よりも現在のものである。五感によって世界が知覚されるとすればそれは現在世界の知覚、世界の現在の知覚である。このように知覚経験の本質はそれが現在経験であるところにある。つまり、現在世界の現在経験であるところにある。そのことから我々は「存在」の概念を作り上げた。「存在する」とは何よりも「現在見え、聞え、触れる」ことである。つまり存在とは現在経験されることなのである。

「思い」はまさにこの点で知覚とコントラストをなす。「思い」は「現存せぬもの」の思いなのである。昨日の様々なでき事、それは現在では消え去って知覚できない。しかし、私達はそういうでき事を「思う」ことはできる。そうした、過去の「思い」、消えさり過ぎ去って現存しないものの「思い」をわれわれは記憶と呼ぶがこの点「思い出」という言葉の方が適切である。

ユークリッド幾何学の「拡がりのない点」や「巾のない線」を見たり触れたりすることはできない。それらは知覚できないものなのである。それにも拘らず、私達はそれらの点や線でできた三角形や四角形について様々のことを語れるし定理を証明したりすることができる。それは、それら知覚できない点や線を「思う」こと、従って、三角形等の図形を「思う」ことができるからである。それら知覚経験ができないものを「思い」経験できるからなのである。

知覚できないのは幾何学の図形だけではない。算術や代数の出発点である自然数もまた知覚できない。3とか5とかの数字は見ることができるのはもちろんだが、数3や数5は見たり触れたりすることができないものである。だから数3の色は赤だとか数5の形は三角だとかいうことは無意味なのである。数は知覚されるのではなく考え思われるもの、思考されるものなのである。

数と同様に、概念と呼ばれるもの、特に抽象的概念は元来知覚できずにただ思われるだけのものである。山という概念、川という概念もただ思われ思考されるだけである。この事情は概念の内包と呼ばれる意味についてだけではなく、その外延と呼ばれるその概念が当てはまる事物の集合についても同様なのである。

五匹の羊のそれぞれは知覚できるがその五匹の「集合」は知覚できない。その一匹一匹の羊の色や形を見たり触れたりできはするがその「集合」の色や形を云々することはできない。その集合は知覚できず、ただ思われるものなのである。

今一つ例を加えておこう。

或程度以上に高速であるもの、低速であるものも我々は見ること、つまり、知覚することができない。高速の現象は、列車の窓から眺めた風景やスポーツ写真のように「流れて」見える。だから、流れて見えるにしろ、とにかく見えるのだ、ということはできない。ここで「見える」とは識別的に見えることをいっているのである。ピッチャーの剛速球が時速一〇〇キロの時と二〇〇キロの時とは異なって見える、つまり、球の動きを追って見えるのでなければならない。しかし通常は「目にもとまらぬ」速さに見えるだけなのである。一方、太平洋の海底が年に数センチの速さで動いているのを肉眼で見ることができようか。これまた年数センチの速さでのヒマラヤの隆起を目で見ることができようか。もちろんできない。時計の針のようなのろさでももうその動きを見ることはできない。

それらのろい運動が知覚できないにも拘らず云々されるのはそれらは考えられ思われている、つまり思考されているからなのである。

知覚の中に籠った思考

以上の事例で、思い、あるいは思考が知覚と並んで、我々が世界を理解する上での基本的様式であることが判ったものと思う。だがそれだけではない。思考は知覚と並ぶだけではなくて、知覚の中に入りこみそれを支えているのである。

知覚の中にあっては「知覚される対象」として「事物」がある。知覚は一連の走馬燈ではなくして、これら事物の知覚なのである。これら事物、例えば机とか樹木とかは単に一回の知覚では特定の視点からの瞬間的視覚の姿を「垣間見る」に過ぎない。しかし、それらは「持続する物」、つまり、「ずっと前からそこに在り、ずっと将来もそこにあるだろう」と「考えられた」ものの一瞬の姿として見られる。これは机や樹木に限らず我々の身辺の固型物の大半について同じことが言える。更に少し柔かい固型物としての人間や動物、更に海とか川とかビールとかの液体、更に空や炎のような気体や街のような複合体など、殆んどすべての「物」が見たり触れたりの形で知覚される。そのためには当然、見たり触れたりされていない時のことが「思われ」、「考えられ」ていなければならない。家具や人体はその時々の視点、その時々の照明、その時々の環境の下で知覚される。この「その時々の」という偶然的に特定された条件の下である、ということは物の知覚の不可避の条件である。だがそのような特定の条件下で一瞬見られ触れられた家具や人間が「持続する物」のかいま見であるのは、それら家具や人体のその他のかいま見知覚が記憶という形で「思考」されているからで、それらの様々な視点や照明の下で「同一」の机、「同一の」人間として「考えられ」ているからである。

こうして知覚の場で、「机が見える」、「Aさんの後姿が見える」という時には思考がその机やAさんの知覚の中に不可避的に入っているのである。大体、事物は物でも生物でも三次元の立体であって、一時刻の知覚はその立体を唯一つの視点から知覚するにすぎない。それにも拘らずそれらの知覚は立体的事物の姿として知覚される。ということはその人間や机の今知覚していない姿、例えば人間の背中側や横腹側からの知覚も正面側からの知覚に参入しているのである。だから今はただ正面からしか見えていないにも拘らず、*A*さんの背は曲っているとか、その机の側面はハゲているとかを知っており、今見えている姿はそういう曲ったりハゲたりしている事物の正面として見えているのである。したがって背中や側面のことを知らない時にはその姿は知っている場合とは違った正面に見える。背筋のしゃんとした人間の姿、全面ピカピカの出きたての机の姿として見える。

　このように、別の視点からの知覚を「思う」ことが参入して初めて現在の知覚がそのような姿の知覚としてありうる。そしてこの思考が知覚に参入する仕方は「陰に籠った」仕方である。何かを知覚している時あから様に曲ったとかハゲたとか思考しているわけではなしに、もし仮に背中はどうだ、塗り[1]はどうだと問われたならば曲っているとかハゲていると答えられる、という潜在的能力がある、という意味で「知っている」。この、あから様でなく陰に籠った参入の仕方を指して、思考が知覚に「籠っている」と言おう。

四六時中常に思考

こうして知覚に籠った思考まで勘定に入れるならば、私達は四六時中思考をしているとまでいえよう。初めに述べたように、思考とはなにも額にしわをよせて「考える」こと、思案することに限られない。頭を悩ませ痛める思案投首だけが思考ではないのである。街を歩いている時、主婦がまな板を叩いている時、銀行や会社で書類をめくっている時、ふいと頭をかすめる様々な「思い」、電車を待ちながらめぐらす様々な「考え」、抑えても抑えても湧き上ってくる想念、そして知覚に籠った「思い」の数々、これらもすべて立派に「思考」なのである。このように拡げた意味での思考をとれば、誰しも朝起きてから夜寝るまでいろいろな形での思考を二四時間ぶっ通しにしている。パスカルが人間を「考える葦」といったのは有名であるが、彼の意図とは別に彼は正しかった。人間はたしかに思考する動物であり、人間にとっては生きるとは食べることと共に思考することなのである。

この思考に論理が関連している。通常とられ勝ちな狭い意味の思考、すなわち問題の証明を考えたり難局の切り抜け策を工夫したりする思案に論理が関係するのはいかにも自然である。思案には思案を運ぶお膳立てとか順路や定石があり、また一方手軽な方法や術策があって、それらが論理だと早合点されるからである。だがこの章で説いたようなずっと広い意味の思考には遥かに広い意味で論理が関連する。関連する、というよりは、この広い意味での思考を貫いているのが論理なのである。そのことを明確にみてとるのは言語の場面である。そのためにこの広い意味の思考と言語との関連をまず観察しておかねばならない。その観察の中から自然に論理というものが浮き出してくるだろう。従って、次章では思考と言語との関連にまず焦点を合せてみよう。

3　思考と言語

経験は普通言語化されない

思考、ということでともすれば頭を痛めるような難しい思考に注意がいって、日常的な「思い」が見落とされる理由の一つに言語化の問題がある。日常的な「思い」はその主題が些細な日常茶飯のことであることに加えて、殆んど言語化されずに一過してしまうので把捉し難いのである。それに対して難しい思案事は言語化されていることが多く、数学の証明等の思考はそれを言語化すること自体がその「証明」なのである。

だが言語化に乏しいのは「思い」に限らずに、人間の経験一般が言語化されることが稀なのである。街を歩いている時、次々と展開する知覚風景を言語化することはまずないだろう。道の右側に電柱がある、そこに貼ってあるのは何々銀行の看板で少しまだらにはげている。その下の方に雑草が二・三本生えていて埃をかぶっている、……このような言語的報告を口にしないのは勿論のこと内心で呟くことさえないだろう。また自分の動作を一々言語化することもないだろう。ましてやそういう時にふと「思った」ことを言語化することは誰もしない。

一括して言うならば、経験の現場でその経験を言語化する——経験の実況放送——ことはまずないのである。

その理由を私は次のように推測する。

まず言語とは何よりも通信のためのもの、特に、自分が居合せない状況、つまり、自分が自ら知覚できない状況についての情報をやりとりするためのものである。だとすれば、自分が居合わせ自身で知覚している状況を自ら通信するということには何の意義もない。従って自分の経験の言語による実況放送は的はずれ（pointless）である。

もちろん限られた局面ではそのような実況放送も意味を持つ。斥候や伝令の復唱、正副操縦士の間の計器読みの呼唱、列車運転士の呼唱、金銭授受での呼唱、等々におけるる確認のための言語化はエラー防止のためのものである。しかし、そういった場合以外では言語化は高々自己確認の他は用がない。これが自分の経験現場での言語化が稀である理由であると思う。

言語以前の経験、という誤解

思考もその一つだが、一般に経験を言語化する、というとき一つの基本的誤解がある。それは、まず言語化されていない生のままの経験があって、それを言葉で「表現」するのが言語化だという誤解である。だから、言葉はつけたしで言葉になる前にこそ純粋な経験があるのだ、と思われ勝ちなのである。

しかしそうではない。言葉以前の経験、この場合は言葉以前の思考なるものがあるとしてもそれは全く無定形(アモルファス)な経験、無形の思考でしかないだろう。なぜならばそのような経験や思考は一切のかくかくしかじかを言うことが不可能なものだからである。

そんなことはない、例えば、何について考えていたのかと問われれば(自問でもいい)かくかくだと答えられるのだ、と言われるかもしれない。その通りである。

だがかくかくだと答える時にその経験なり思考なりはその答えるという形で（また答の範囲で）言語化された経験や思考になったのである。そのように答えることは、裸の思考を（部分的に）言語化することではない。その思考がその範囲で言語化された思考になることなのである。言語化以前の裸の思考なるものは現像されない生フィルムと同様にまだ姿を持たない思考であり、まだ生れない未生（みしょう）の思考なのである。

だが上述したように、思考や経験の時点でそれらが実況放送的に言語化されることは稀である。ただ後刻その思考や経験が憶い出されるときに言語化された思考や経験になるのである。それはおかしい、思考や経験が憶い出される、というとき、その憶い出される当の思考や経験がある筈ではないか、そしてそれらこそ言語以前の生のものではないか、と言われよう。この反論はいかにも当然であるがやはり事実誤認の上に立っている。上述の表現以前の経験という誤りと想起を再体験だとする誤りとは同腹の双生児的誤謬である。或る経験や思考を憶い出す、ということはその経験や思考を再体験することではなく、それらを言語的に想起することであり、言語的に想起することがまさにそれらが言語的経験や思考になることそのことなのである。

想起とは過去形の経験

これまで想起というものが全く誤解されてきた。想起とは過去の現在経験の再生または再現であると誤って解されてきたのである。だが食事の想起とは今一度食事の経験をかすかに持つことではないし、夢の想起は更めて軽く今一度夢を見ることではない。しかしこの想起の誤解は根強く我々を支配している。この容易に抜き難い誤った先入見から自由になるためには想起というものを更めて成心なく観察することが必要である。まず想起は知覚と並ぶ経験の根本様式であって知覚の二番煎じなどではないことに気付くだろう。知覚が現在を経験する経験であるのに対して想起は過去を経験する様式である。古物になった現在経験の再経験ではなくして過去それ自体を直接に経験するのが想起である。何かを見たり聞いたりするのではなく、何かを見た、何かが聞えたという過去形の直接的な初体験なのである。一方、知覚には視覚聴覚などの五つの感覚があるのに対して、想起には唯一つ「言語覚」[1]とでもいうべきものがあって五感を主導する。つまり、想起されるのは、感覚的情景は副次的で根幹は何が見えた、何が聞えたといった、言語的物語りなのである。時として想起が難渋する時はこの物語りを努力して制作せねばならない。例えば夢の想起などはそういう場合である。

思考が言葉になる

以上でした想起の観察は当然思考経験にも適用される。思考の最中、つまり思考の現在経験は概して言葉に乏しく黙しがちである。しかし思考の想起経験では思考は言葉に溢れた過去形の物語りになる。これが、思考が言葉になるということに他ならない。

夢の場合

昨夜の夢を今日憶い出す。それは今日昨夜の夢を今一度みることではない。今眠ってなどはおらず、目覚めて昨夜の夢を憶い出しているのである。それは、初めああしてそれからこうなった、とその夢を言語的に想起することである。そうしてその夢を言語的に確認し、言語的に確定するのである。

それによって昨夜の夢は言語的になるのであり、その夢を見たということが確定するのである。実際、「今夢を見ている」という現在形は余程変った珍しい場合の他は意味がない。通常の場合に意味があるのは「昨晩夢を見た」という過去形なのである。そしてそれは言語的にかくかくしかじかの夢を今憶い出しているということに他ならない。もし一切のかくかくを憶い出せないような場合には昨晩夢を見たということそのことが確認されないのである。それと同様に、言語化以前の思考、一切のかくかくを憶い出せないような思考は、私は思考したというそのこと自身が確定しない、そのような思考であるといわねばならない。確かにそのような思考を私がしたかもしれない。しかし、何とはしれない、ああでもなく、こうでもないといった風な思考、いやそんな思考があったともなかったとも言えないような思考、ただ何となしに何かであったような思考、そのような思考をなおも思考と呼び続ける必要はもうないだろう。少なくとも本講ではこれ以後言語化された思考だけを扱うことにする。

繰返して誤解を排する

以上で述べた誤解を繰返して言えば、まず先に言語化を一切受けていない純生の経験というものがあり、その経験を言語で表現するのが言語化だという、私が「表現の誤り」と呼びたい誤解である。この表現の誤りは決して経験の言語化に当ってのみ生じる孤立した誤解ではなく非常に広い範囲のあちこちに現れる様々な誤解のいわば基本型ともいうべきものである。特に、この表現の誤りに接して上述の想起の誤りが続く。

その表現の誤りの最初がいわゆる言語芸術に見られるのは当然であろう。詩や歌を作るとき、初めに詩想とか歌想とかという非言語的な「表現したい」思いがありそれを次に言語で「表現する」のが作詩、作歌であると。これは詩人や歌人自身がそう思っている形跡がある誤解である。

同様に、画家や作曲家はこれまた非言語的な画想や楽想をまず心に抱き、それをカンバスの上に絵具で、あるいは五線譜の上に音符で「表現する」のだという誤解がある。

また、「言葉では言えない、言葉では言い表せない、感動とか思い」、こうした言い方はどこにでも見られる。「表現の誤り」はこのように広い範囲でわれわれを呪縛しているのである。この誤りに対する私の論駁は帰謬法的である。

仮に表現の誤りのいう所が正しく、表現以前の非言語的経験*E*が言語で表現されて*S*という叙述になったものとしよう。このとき*S*は*E*を正しく表現しているかいないかが言えなければならないだろう。とにかく、*S*と*E*とは比較可能でなくてはならない。しかし、全く非言語的な経験*E*と叙述文*S*とは一体どうして較べることができるのか。例えば、一つの知覚風景、今見えている自分の部屋の知覚風景とそれを叙述した文とを較べられようか。今見えている風景の中で第一何を、どの部分に言及すべきなのか。本棚に本が並んで見えているが、それを漠然と「本の列」と描写すべきなのか、五・六冊はその見えている題名を叙述すべきなのか、あるいは一切を無視すべきなのか、つまり正しい叙述は何なのか皆目私にはわからない。言語を一切含まない知覚経験を言語文と比較するなどとは不可能なことである。ましてや微妙な捉え難い気持ちの動きや思いの揺れなどを言語描写と較べるなどは全く不可能である。だから「表現する」などとは思い上った絵空事にすぎない。

実は、経験の言語化とはその経験の言語的想起なのではないか。これが「表現の誤り」の代りにとりたい私の代案である。

まず先にも述べたように、言語の中核的機能は私が居ない場所の知覚風景の情報伝達である。だから私の知覚現場、知覚の真最中の実況放送的言語描写は元々の言語の根本機能からみて無意義であったのである。だが一つの経験が過ぎ去って過去の経験になったときそれを言語的に描写することは決して無意義なことなどではなく、立派に情報を伝えてくれる。実際、経験を後刻想起するということは普通人々が「反省」といっていることに他ならず、反省は経験の大切な情報源であることに疑いはない。この反省的想起において或る経験が過去経験として言語的に確定される。それは何か言語以前の過去の経験が言語化されるのではなく或る過去経験がいわば創出されるのである。それは旧い経験の再出や再現ではなく一つの新しい過去経験が原初的に出現するのである。例えば、滑走路を歩いていって階段を登って飛行機に乗った。座席に坐って飲物を頼んだ、そのジュースはひどく甘かった。そのうち窓に薄汚ない工場が見えた、云々。このように過去形動詞によって叙述される過去経験が想起されるとする。この想起にあって過去形を現在形に変えたような経験は一切登場しない。ジュースの味とか工場風景とかの現在経験は全く無いし、その現在経験の再現はおろかその断片すらない。ジュースの味がしたことを想起するのであって、その味がすることを想起するのではない。だからこの反省的想起において過去の言葉少ない経験が言語的に表現されるのだという「表現の誤り」は全くのお門違いであり、いわば想起において言葉豊かな過去経験が原初的に経験されるのである。知覚において現在経験が原初的に経験されるのと並んで想起において過去経験が原初的に経験されるのである。だから、この想起が意識的になされるとき、その想起が過去経験を制作するというのが似つかわしいのである。

確かに想起というからには先立つ現在経験があり、それが想起されてその記憶像が出現するのだ、という伝統的な考えは根強い。その記憶像を言葉で表現する、というのがそのまま表現の誤りになることは明白だろう。

4　論理とは？

以上本書の主題「思考と論理」の一半である思考について検討してきたが、今度は「論理」なるものの検討に移らねばならない。

論理的正しさを手掛りにして「論理」を考える

われわれが「論理」ということで一体何を考え、何を指しているかを少しでも明瞭にするためには通常「論理的に正しい」といわれているものを手掛りにしようと思う。その中に恐らくは人が「論理」と称しているものの性格が幾らかなりと露呈しているであろうと希望しながら。

排中律の形式の正しさ

「論理的に正しい」と文句なしにいわれるものの一つに排中律の事例がある。「明日は晴か晴でない」。これは誰でも「論理的に正しい」というだろう。だが排中律の事例は他に多数ある。その主題は様々で上の例のようにお天気のこともあれば、人柄のこと、政治のこと、要は何でもいい。これら無数の事例を通して不変のものは何であろうか。それは次の形式ではあるまいか。

明日は晴 か 明日は晴 でない ……①

この①の形式にすると長四角の空欄の中を入れ替えることで無数の事例が生じることが容易にわかる。

そこで排中律の個々の事例が「論理的に正しい」のではなくて、むしろ①の形式が「論理的に正しい」のだと結論できる。個々の事例が「正しい」のはむしろ①の「正しさ」によってその事例もまた正しいせいなのだ、こう観察してよいだろう。

更に①の形式から、問題は、明日だとか天気だとかという語（word, term）ではなくして、長四角の中にある全体の文（sentense）なのだといってよい。つまり、個々の語句に目をつけるのではなくてひとまとまりの文を「論理的正しさ」の基本要素だと考える、ということである。このことは、今探究している方向が記号論理学でいう命題論理学（propositional logic）であることを示している。

さて、形式①に着目してそれがどうして「論理的に正しい」といわれるのか、と考えてみよう。

まず、①のような形式であれば正しいのだということから「論理的正しさ」の形式性がみてとれよう。①の形式であれば長四角の空欄の中はどんな文でもいい、ということはとりも直さず空欄の中の文が何を主題とするか、その文が経験的に真か偽かということには関係しない、ということである。実際、空欄に経験的に明瞭に偽である文、例えば「砂糖は辛い」を入れても①は「砂糖は辛い、か又は砂糖は辛くない」となってこれが「論理的に正しい」ことに変りはない。但し、空欄に無意味な文を代入することはできない。代入できるのは有意味な文に限られる。さもないと①の全体がチンプンカンプンになってしまうからである。

このとき①の「(論理的）正しさ」を生みだすものは何であろうか。明らかに、①の形である。だが①の形とは何であろうか。それは空欄と「か又は」と「でない」の配列だといえはしないか。つまり、空欄の次に「か又は」がきて、次に初めと同じ空欄に「でない」で否定したものを一列に並べた、という形である。空欄をpと書けば、

$p \lor \neg p$ ……②

という形である。ここで「$\lor$」は「か又は」という選言詞、「$\neg$」は「でない」という否定詞を表わすものとする。この②の形では空欄には同一の文が入るということが明瞭に表現されている。

さて②の形がpの内容にかかわらず、すなわちいかなる有意味文pに対しても「正しい」理由は$p \lor \neg p$という配列である。だとすればこの事情を逆に言えば、「$\lor$」と「$\neg$」という記号は、pを任意の文とするとき②を常に「論理的に正しい」ものとする、ということになる。

更にこのことを少し言い換えて、

②が「論理的に正しい」 ……②′

ということは「$\lor$」と「$\neg$」が満足すべき規約である、としてよいだろう。

結局のところ②が正しいのは②が「$\lor$」と「$\neg$」の規約に他ならないからである。

ここまでのことは我々が自分の日本語の使い方を反省して観察できることであろう。

だがその観察は今のところ①という一事例に限ってなされたに過ぎない。

言語規則説

しかしこの僅か一例からの観察を拡張してすべての「論理的正しさ」についても同様であると推測してみよう。つまり、論理的正しさとは言語規約から生じるものである、という推測で、この推測を「言語規則説」と呼ぶことにしよう。現代の記号論理学が完成して以来、この言語規則説が論理学者の暗黙の常識となったといえよう。しかしこの言語規則説が現代の論理学者の常識であるとしても本書ではそれを一応証明してみようと思う。この段階ではそれはまだ推測の域をでず、まず証明を必要とすると思うからである。

その証明は次の様なステップを踏んで行なうつもりである。まずこの証明には格段の有利な点がある。それは、目標とする、「論理的に正しい」文型の全集合として論理学なるものが存在しているという点である。そしてこの確定した目標に合わせるように適当な出発点の言葉を選ぶことができる、つまり、結果からの逆算が或る程度使えるのである。そこで——

出発点となる語を選ぶ——四つの接続詞

(a) 逆算的に適当な言葉を選んでそれらの言葉に関する言語規則を採集する。それら適当な言葉は5章での考察の結果現代の命題論理学の主題となっている、文の結合子（connective）に対応する日常日本語であることがわかる。それらは上の例で使った「か又は」という選言詞、「でない」という否定詞、それから「且」という連言詞、「もし……ならば——・——」という条件詞、これら四つの接続詞である。

それら接続詞の意味規則

これら着目接続詞の言語規則として何を採るかも現代論理学の構成を参照しなが

ら逆算的に定める。このことも5章で説明する。

論理学の導出

(b) (a)ステップで採集した語とその使用規則によって「論理的に正しい」文型を枚挙的に定める。これは実際に枚挙しないでも、枚挙する手順を確定すればそれで十分であり、しかもその枚挙手順は論理学の中に既に述べられていてそれをそのまま借用するので別に困難はない。実の所この証明は現代の命題論理学を意識的に再構成することと同じなのであり、模写すべきお手本は市販されているのである。ただその構成に当って哲学的に意識的であることを要求されるだけである。だがこのことはそれ程生やさしいことではないことが漸次わかるだろう。

結果の検定

(c) 上の(b)ステップで確定した(イ)若干の言語規則から導出された「正しい文」の

全集合と、(ロ)命題論理学での「正しい文」の全集合が一致していることを示す。

このことも難しくはない。(b)でわかるように(イ)の集合を確定する手順は(ロ)の集合を作る仕方をそのまま模倣したものであるから(イ)の集合と(ロ)の集合が一致するのはむしろ当然である。この検定は始めからパスするのに決っている作業である。

日本語から論理学が導出される

(d) 以上によって、言語規則説、すなわち、「論理的正しさ」とはすべて言語規則から導出される、という推測が証明されたものと考える。それと同時に、論理学が実際の言語とどうかかわっているかが明らかになるものと期待している。つまり、上の証明は(b)の一部で述べたように、日本語という具体的言語の一つから命題論理学の全公式を導き出す手順を示すことでもあるからである。

この(a)から(d)までのステップを行なうのは少し後にまわして、その前に、言語規則というものがどういうものであるか、またそれから論理式がどうやって導かれるのか、それらを若干の実例から見てみよう。一方、コントラストの目的で、言語以外にもそれに類似したことがあることを示しておこう。

言語規則と論理的正しさとの関係の実例

日本語の中の語は相互に意味の上で複雑にからみあっている。例えば、「高い」は「低い」の反対だし、「より高い」という比較級を持っている。そしてこれらのからみ合いの中に規則を見付けることはた易い。例えば、「AはBより高い」ならば必ず「BはAより低い」し「BはAより高くない」。また「AはAより高くも低くもない」。これらの文は上に述べた排中律と同様に「論理的に正しい」。このように、高い、低い、という語にはそれらの語の意味上の規則があり、これらの規則から論理的に正しい文が導出されるし、導出されるというよりは、それらの言語規則を述べた文そのものが既に「論理的に正しい」のであり、論理的正しさと意味上の言語規則とが直結していることが観察できるだろう。

他の実例として赤い青い等の色名をとってみよう。それらの色名は相互排除的である、という性質を持っている。つまり何物かが一つの色名の色であれば、それ以外の色名の色ではありえない。この色の相互排除性は自然法則や経験法則ではなく実験や観察によって発見されるものではない。赤や青という形容詞そのものの意味によって、「赤い」といわれた物には「青い」とは言えない、という言語規則なのであり、それを論理法則といってもいい。

平面幾何学の語群

更に、互いに意味上でからみあった語の集団の実例として平面幾何学の語、すなわち、「面」、「線」、「点」、「交点」、その他がある。それらの語を使ったユークリッド幾何学の公理系はそのままこれらの語に関する言語規則であるとみなすことができる。そして、この公理系から定理、例えばピタゴラスの定理を導出するのはそのままその言語規則から「論理的に正しい」文を導出することに他ならない。

親戚名集団

幾何学よりも日常的に親しい実例として、親戚名集団をあげることができる。「父」、「母」、「親」、「子」、「兄」、「伯父」、「甥」、等々の親戚の名称の集団である。これらの親戚名の間にはそれぞれ血縁関係に照応した意味上の言語規則、例えば、「伯父とは父または母の兄、または姉の夫である」というような言語規則がある。この言語規則はそのまま論理的に正しい文でもあるし、それからそういう正しい文を導出することも容易である。

等高線の意味により平面図から切断面図を導出する

以上二・三の実例をあげたが、それによって、言語規則とはどういうものであり、その規則から論理的に正しい文が導出されてくる様子に見当がついたであろう。そこで、こういう事情に更に理解を増すために、それらと類比的な事情が言語とは違った場面にも見られることを例を挙げて示してみよう。その場面というのは地

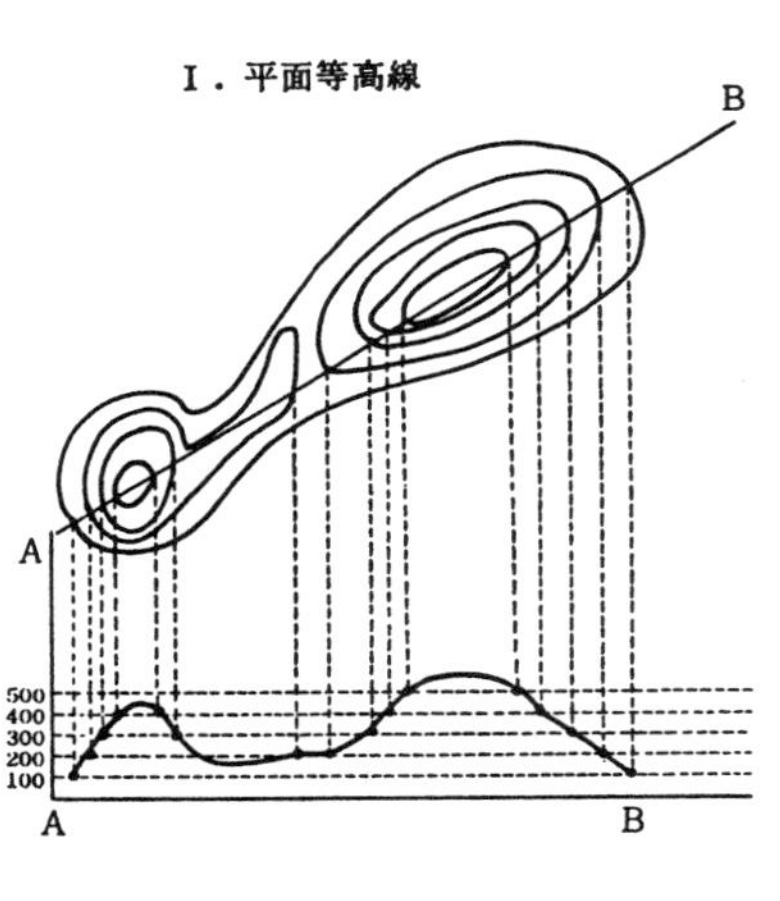

I．平面等高線

II．切断面

図である。地図の基本的概念の一つに「等高線」がある。周知のように、「等高線」というのは、地形平面上の同一の高さの地点を連結した線である。この、等高線の定義が上の親戚名と同じような言語規則に対応する地図規則である。

この等高線図の一つを上のI図とする。今このI図のA、Bを両端とする線でこの地形の切断面の図IIを作る。その仕方は周知のものでここに説明する必要はあるまい。しかし、その仕方で得られたII図が「地形的に正しい」切断面であること、しかもそれが等高線の地図規則から導出されたものであること、それが大切なのである。論理の場合、「論理的に正しい」文が言語規則から導出されるのと類比的に、この地図の場合も、「地形的に正しい」切断面が地図規則から導出されるのである。

以上のことから言語規則説が意味する所が幾らか明瞭になったと思う。われわれは言語によって世界を描写する。ところが、その言語の中には既に様々な意味関係がある。その意味関係を明示的に明記したものが言語規則である。この規則は当然世界の描写そのものにもなりたっている。そしてそれは描写の如何にかかわらずなりたっている。それらが論理法則と呼ばれているものなのである。

この言語規則説の意図を精しく実際に遂行することがこの仮説の証明である。その遂行は実際には省略的であり細部は論理学の教科書に依存することになろう。しかし、たとえ骨格だけとはいえこの作業をするのは本書が初めてである。

5　言語規則から論理を導く

言語規則説の証明の必要

第４章までの検討によって思考、少なくとも言語化された思考と論理との関連は言語という場にあることが明らかになったであろう。思考は反省的想起において言葉になり、かくかくしかじかという「思い」として言葉で叙述される。ところで論理とは言語の規則から出てくるものだ、という言語規則説が正しいならば、その「思い」を叙述した言葉もまた、ひいてはその言葉になった「思い」自身もまた言語の規則によって支配される。思考と論理の関連といえばこのことであり、またこのこと以外ではあるまい。しかし、そう言えるためには一つの作業が残されている。それは前に予告しておいた、言語規則説の一般的な証明である。それを本章から取りかかることにする。

局所的論理

言語規則説が正しいものとすれば、「論理的に正しい文」（以下「妥当文」と呼ぶ）は何かの語の意味規則から導き出される。ここで「妥当文」の全集合を「論理」と呼ぶならば、当然どんな語集合の規則を選ぶかによってそこから導出される論理が異なったものになる。例えば前章で例にとった幾何学語の規則から出発すればユークリッド平面幾何学がえられ、親戚語の群の規則から出発すれば親戚についての妥当文がでてくる。ここで上述のように妥当文の全集合をもし論理と呼ぶならば、ユークリッド幾何学も親戚関係の妥当文全集合もそれぞれ論理である。だが通常ではそう呼ばないで、それぞれの規則集合を「公理系」とのみ呼んでいる。しかし本書ではこれらを共に「局所的論理（local logic）」と呼ぶことにする。局所的、というのはそれらの論理に属する妥当文がそれぞれの限られた領域、すなわち幾何学と親戚関係にしか通用しないからである。

全域的論理

通常の「論理学」はこれら局所的論理に対してその妥当文は領域を問わず通用するのだから「全域的論理（global logic）」と呼ぶべきであろうからそう呼んでおく。

非主題的な言葉から出発

さてここでの目標はこの全域的論理を若干の語集合の規則から導き出すところにある。当然、どんな語の規則から出発すればよいか、それが決定的問題である。しかし、この問題は逆に考えてみればよい。つまり、全域的な論理を導き出すのならば、出発すべき語もまた全域的でなくてはなるまい、と。幾何学とか親戚とかという特殊な領域でのみ意味を持つのではなく、どんな領域にあっても意味があって使用される、そういう全域語を探せばよい。つまり、主題に無関係な、という意味で「非主題的な」語を探すことである。

非主題的な名詞・動詞

この点からみれば名詞というのはもともと主題的であって大部分は落第である。辛うじて全域的な「もの」という語が非主題語としてあるだけだろう。この「もの」は後に述語論理学の変項x、y、等として登場するがここではしばらく待たせておく。次に動詞と形容詞だがこれらもその適用が何かの形で領域に束縛されていて非主題的な語はまず見当らない。ただ例外は「……である」という繫辞（copula）と「存在する（there be, es gibt, etc.）」という語ぐらいである。この両者もまた述語論理学に登場する。

接続詞は非主題的

それに対して文法的な構文論的な語はその性格からして大体の所は非主題的であるという条件にかなう。接続詞がそうである。また数量詞として「すべて（all）」や「若干の（some）」があるし、場合によっては「等しい（=）」もいい候補である。

こうして非主題的な語を日本語の中で探してゆくとその数はさして多くはない。それを更にしぼりこむためにターゲットである命題論理学を横目でうかがうと的はおのずから定まってくる。こうして以下に列挙する語群に達した。

「且又」という連言接続詞
「又は」という選言接続詞
「でない」という否定詞
「もし……ならば――」という条件接続詞

この四つの接続詞は現行の命題論理学の四つの命題結合子（connectives）「∧」、「∨」、「¬」、「→」に自然に対応しているので命題論理を導出するに最適の出発点となる。歴史的には命題論理学の上記の結合子は上の日本語の四つの接続詞に対応する英語の接続詞をそのまま記号化したものである。しかし、ここでは論理学と特定言語――日本語であれ、英語であれ――との関係のような歴史的な偶然の事情を度外視して考えたい。そうすると、四つの結合子は日本語の四つの接続詞を語源と、して、新たに定義された新語接続詞であってその読みは語源の読みに等しいものとした、ということになる。このように新語を定義するのは社会の立法行為である。この定義に従うか従わないかは個人の勝手であるが、従わない場合には、他人との会話ができないという社会的罰則を受けることになる。

さて、言語規則の出発となる語の選択の問題は決着できた。次の問題はこれらの語の言語規則を書き上げることである。

真理値表による接続詞の意味表現

ところが接続詞の意味なるものをどう書いたらよいのか。「又は」の意味を書こうとしてみればそれが何とも厄介であることに気付くだろう。これら接続詞はその昔言語学者が「共義語（syncategorematic word）」と呼んだ語で他の言葉と一緒になって初めて意味が生じるのでそれ自身独立しては意味を持たない、と考えられてきたのである。だから、「又は」の意味はかくかくだと言おうとすれば長たらしい同語反復に終るだけであろう。したがって「又は」等の接続詞の意味を書き表わそうとするともっと別な手を考えなければならない。その別な手とは、それらが共義語であるということを真正面から受取って共義的な規則表現を考案することである。ここでまたカンニングをして現在出来上った命題論理学をのぞくと、「真理値表（truth table）」というものがある。これを盗用ではなく流用するのである。それは、「∨」が二つの文を接続してできる合成文の真偽が、元の二つの文の真偽によってどう変動するかを下の表1の形で書いたものである。それは、二変数p、qの数学的関数$f(p, q)$が変数の値によってどういう値をとるかを与えれば関数fが定まるのと類比的である。ただ後者の場合は変数の値も関数の値も共に実数域内を変動するのに対して接続詞の場合は共に真偽（T、Fと記す）という唯二つの値（真理値と呼ぶ）からなる真理値域内を変動する点が違っている。しかし、この真理値表が与えら

表1

p	q	$p \vee q$
T	T	T
T	F	T
F	T	T
F	F	F

表2

p	q	$p \wedge q$
T	T	T
T	F	F
F	T	F
F	F	F

れるとその接続詞の接続の機能が一意的に決定される点は関数fの場合と異ならない。そして接続の機能こそ接続詞の持つ意味であることを思えば、真理値表がその接続詞の意味を表わしている、と解してよいはずである。表1を解説する。Tは真、Fは偽を表わして、どんな文もTかFの値をとる、と解する。そして接続文$p\vee q$がその要素文pとqの値によってその真理値をどう変えるかが書いてある。左方の二欄はもちろん要素文p、qがTとFをとるあらゆる場合として四通りの組合せになっていることは明らかであろう。以下同様に他の接続詞、即ち、連言詞「$\wedge$」、否定詞「$\neg$」、条件法詞「$\rightarrow$」に対しての真理値表を書いておく(表2―4)。否定詞「$\neg$」の場合は変数が唯一つであることに注意されたい。

表3

p	$\neg p$
T	F
F	T

表4

p	q	$p\rightarrow q$
T	T	T
T	F	F
F	T	T
F	F	T

真理値表を使って複合文の真理値を決める

上の四つの真理値表を使うと、四つの接続詞を自由に何段階にも使ってえられる複合文型に対する真理値表を構成することができる。その複合文型にはn箇の要素文p_1、p_2、……p_n、があるとする。そのn箇の要素文の各々がTFいずれかの真理値をとるのだがその組合せ方の数は明らかに2^n箇ある。その組合せの一つを固定して四つの接続詞で接続される各段階で上記の表からその接続後の真理値が読みとれる。こうして進んでゆくと接続の段階の最後に複合文型そのものの真理値がえられる。同じことを要素文の真理値の各組合せに対して行えば、すべての組合せに対する複合文型の真理値が知られ、あとはそれを表の形にまとめるだけである。

例

$$S:[\{\neg(p_1\wedge p_2\vee p_3)\}\wedge\{(\neg p_4\vee\neg p_5)\wedge(\neg p_6)\}]$$

ここで$p_1=p_2=p_3=T$, $p_4=p_5=p_6=F$に対する複合文型Sの真理値は、小カッコ、中カッコ、大ガッコの順で順を追って表1—4を見ながら行えばよい。

小ガッコ内では、p_1、p_2とp_3は共にT、更に$\neg p_4$、$\neg p_5$、$\neg p_6$もまたTだから

$$S : [\{\neg(T \wedge T \vee T)\} \wedge \{(T \vee T) \wedge (T)\}]$$

中ガッコ内は、表1から$T \vee T$はT、表2から$T \wedge T$はTで表2から$\neg T$はFだから

$$S : [\{F\} \wedge \{T\}]$$

こうして大ガッコ内は$[F \wedge T]$でSは表2からFとなる。簡略に書き込みを入れて行うこともできる。

こうして任意の複合文型の真理値表の作成が可能となった段階で「恒真(tautology)」という概念を定義する。実際には「恒真文型」を定義する。

$$S : \left[\left\{\neg(p_1 \wedge p_2 \vee p_3)\right\} \wedge \left\{(\neg p_4 \vee \neg p_5) \wedge (\neg p_6)\right\}\right]$$

p_1: T, p_2: T, p_3: T; p_4: F, p_5: F, p_6: F

$p_1 \wedge p_2$: T; $\neg p_4$: T, $\neg p_5$: T, $\neg p_6$: T

$p_1 \wedge p_2 \vee p_3$: T; $\neg p_4 \vee \neg p_5$: T

$\neg(p_1 \wedge p_2 \vee p_3)$: F; $(\neg p_4 \vee \neg p_5) \wedge (\neg p_6)$: T

S: F

恒真文型

定義Ⅰ
　複合文Cがその要素文のすべての真理値組合せに対して恒(つね)に真（T）なる真理値をとるときCを恒真文型、または妥当文型と呼ぶ。

　恒真文型の簡単な実例として排中律文型$p \vee \neg p$をあげることができる。ここでは要素文はp唯一つだから要素文の真理値組合せは$p=T$と$p=F$の二つの場合しかない。そしてそのいずれの場合に対してもCの真理値がTになることは容易に勘定できる。だから排中律文型は上の定義に従って恒真文型である。

　ところで排中律文型は「論理的に正しい」文型である（4章）。このことから恒真文型をもって「論理的に正しい」文型だと定義してしまうのが「論理」とつながりをつけるのに早道であろうと推測する。

定義Ⅱ

恒真文型はすべて「論理的に正しい」文である。

もし「論理的に正しい」文型を「論理文型」と呼び、この論理文型の全集合を「命題論理学」と呼ぶならば、恒真文型の全集合が命題論理学であると定義されたことになる。

しかし定義は勝手にしたいようにできる。だがこの定義Ⅰと定義Ⅱは勝手にしたものではない。これらの定義は今日既に確立している命題論理学の教科書に一致するようにしたのである。しかしこの戦略によって日本語の言語規則から命題論理を導出するということは容易になった。なぜならば、

(1) 出発点としての語の撰択を命題結合子の語源語にした

(2) その意味規則として既製の真理値表をそのままにとり、

(3) 命題論理の恒真式の定義をそのまま恒真文型の定義Ⅰとしたことによって、既製の命題論理ができ上るのはむしろ理の当然なのだからである。そしてこれを私は言語規則説の「証明」と呼んできたが、実は通常の命題論理の構築を言語規則説の解釈の下で遂行したに過ぎない。それでもともかく言語規則説の解釈の下で命題論理が構築できることの証明になっていよう。その意味では以上のいわゆる証明は

言語規則説の妥当性に対する一応の寄与をなしたとはいえる。

次に命題論理から述語論理へ考察を拡大する前に接続詞について二・三述べておくことがある。

接続詞間の依存関係

その一つは言語規則の元にとった四つの接続詞の間の依存関係である。表4の条件法接続詞「→」は必ずしも独立に採る必要はなく、他の二つの接続詞の合成として定義できる。即ち、$p \to q$は$\neg p \lor q$と全く同じ真理値表を持っているので→が現われる箇所は$\neg p \lor q$と置き換えることができる。この両者が同じ真理値表を持つことは簡単に証明できるので恰好の練習問題としてお勧めする。

更に、四つの接続詞は「……でもなく——でもない（neither nor）」という接続詞をとればすべてそれで置換できることがシェファーによって示された。その接続詞は「シェファーの棒」と呼ばれ縦棒|で表わされる。証明は論理学の標準的教科書にならのせてあるが自分でやってみるのがよい。

要するに、或る一つの接続詞は他の接続詞から定義できる場合が多い。そして、どんな真理値表を持つ接続詞を考えても（たといそれが日本語や英語の中にないような奇抜なものでも）上にあげた∧と∨と「という三つの接続詞の組合せで定義できることが証明されている。つまり、この三つの接続詞さえとっておけばどんな接続詞の場合も含んでしまっているのである。

6 述語論理

言語規則説を述語論理に及ぼす

前章で言語規則説を命題論理の範囲で証明したが次はそれを述語論理にまで拡張することを試みる。だがそのやり方の大筋は全く同じであり、私としてはその拡張がいかにも自然な拡張であることに読者諸氏の注意をひきたいのである。

主語－述語の表記法

前章で日常日本語の中からやがて論理を導出すべき語を選択するに当って非主題性ということを目印にしたが、そこで名詞からは「もの」、代名詞の中からは「それ」が選ばれる。本章で出発点となるのはこの「もの」と「それ」である。前章で中心となったのは文を接続する接続詞であったため複文の構造が問題であったが、ここでは文自体の構造に着目する。文の構造として最も一般的なのは主語‐述語構造であろう。ここで主語は大むね名詞か代名詞である。つまり、「ものの名前」が主語である。そしてこの主語について述べられる部分が述語である。ものの名を数字を○で囲んだもので表わすと、例えば、「①は背が高い」という文の主語は①で述語は「背が高い」[1]である。しかしこの述語の表記を少し変えて元の文自身「①は背が高い」を使おう。こうすれば主語①と背が高いという述語の結合の仕方が明確に表示される。記号化の仕方、すなわち表記法は論理学にとっては核心的なことで、表記法がその論理学の性格を決定するとさえ言える。①などの記号も複数の主語がある時の背番号の役をする。例えば英語では「①は①を殺す」は「①は②を殺す」他殺と違って自殺を意味する述語である。

関係を含む述語の表記法

この述語の表記法をとると述語を単一主語の属性的述語から複数の主語の間の関

係を意味する関係述語に容易に拡大できる。ここでも表記法が、関係論理を含むという現代論理学の重要な特徴を決定していることが判るだろう。その広い関係述語としては、どんな複雑な文章でもその中に出現する名詞と代名詞とをマル数字で置き換えればよい。例えば、「①と②とは共謀して③が④を欺く計画を⑤に告げて未前に防ぐ」。ここで例えば③の代りに①とすれば全く異なった述語、この世界ではまずありえない事態を表わす述語となる。

「すべて」の表記（∀x）

さて、日常日本語で頻繁に使われる文型の一つに「光は電磁波だ」というような、「何々が何々だ」というのがある。これは主語述語形式ではあるが主語が個物名ではなくて普遍名詞になっている点で異質である。この異質性と個物名の場合との同類性を表記法の上で共に明示するように配慮すると、上の文はまず

「……である「もの」はみんな——だ」

として個物名の場合に近付けることができる。この時初めに述べた「もの」という

言葉が不可欠な役割をしているのに気付かれよう。そして「みんな」という語が決定的な役をしていることも明白である。そこでこの文を

$(\forall x)\{(\cdots\cdots x\cdots\cdots)\rightarrow(\text{——}\,x\,\text{——})\}$

というように表記する。ここで$(\forall x)$は「すべてのxについて」と読むとすると、

「すべてのxについて、もし$(\cdots\cdots)$ならば(——)だ」

ということになる。これは日常語ではまことに持って廻った言い方で使いものにはならない。「犬は雑食性だ」と言えばいいところを「何であれ、犬であるならばそれは雑食性である」と言うのだから。しかし論理学もそうであるが学というものは元々持って廻るのが仕事なのである。上の表記法での言い廻しを見ればxという変項の使い方の中に「もの」と「それ」という二つの言葉の意味がとりこまれていることがわかるだろう。$(\cdots\cdots x\cdots\cdots)$と$(\text{——}\,x\,\text{——})$という二つの単一主語述語形式文の主語が同じ$x$で書かれているのは二番目の文中の$x$が代名詞「それ」の役目を果しているのである。また一番目の文中のxも文頭の「すべてのxについて」に対しては「そのx」という代名詞的機能を果している。

「すべて」の範囲

その「すべてのx」であるが、ここではどの範囲での「すべて」であるかは不定にされたままである。それは換言すると「もの」の範囲が不定、主語になりうるものの範囲が不定ということである。

話題世界を不定にしておく

だが何をもって「もの」とすべきかは人により社会によって様々であろう。キリスト教徒にとっては神や天使やまた時には精霊やエデンの園も「もの」であろう。それらを主語として文を作れる、即ち、それらを主語として意味ある話ができると思っているだろうからである。しかし仏教徒にとってはそれらは話にならずかえって釈尊や阿弥陀如来や涅槃が「もの」に入るだろう。宗教を離れても何を「もの」に入れるかには長い論争の歴史がある。普遍概念は果して存在するかについての有名な普遍論争は、ポチや太郎といった個別的な犬ではない一般的普遍的な「犬なるもの」もまた「もの」であるかについての争いであった。今日のわれわれでも「三角形なるもの」や「愛」や「憎しみ」もまた「もの」であるのか、いや第一に「日本国」とか「何々会社」なる「もの」が日本列島やオフィス、日本人や社員とは別にして存在するのか、こう真正面から聞かれたら返答に困るのではあるまいか。ここで現代の論理学者Quine（クワイン）は、「それについて話をする限り、そのものの存在を認めているのだ」と言う[2]。しかし、心理的にはその通りだろうが、だが日本国とはどういう「もの」だと思っているんだ、と畳みかけて問われたならば答えられるだろうか。いずれにせよ「もの」の範囲は各人まちまちで一定しておらず明確でもない。それゆえこの「もの」の範囲――「話題世界（universe of discourse）」（Uと記号化する）――は不定にしておく他はない。普遍記号（$\forall x$）のそばにその度毎の話題世界Uを添え字しておくのも不可能ではないが、その繁雑さとUの不明確さのため実用的にも理論的にも勧められない。そこでUを不定にしておくがしかしすべての（$\forall x$）に対して同一であるとするので実際的な不便は生じない。

存在記号の導入

普遍記号$(\forall x)$のペアとして存在記号$(\exists x)$を定めておく。これは「少なくとも一つxなるものが存在して」と読む。だから、$(\exists x)\neg(\cdots\cdots x\cdots\cdots)$は、「少なくとも一つ……$x$……でない$x$が存在する」となる。これは「すべての$x$は……$x$……である」の否定だから、

$$(\forall x)(\cdots\cdots x\cdots\cdots)=\neg(\exists x)\neg(\cdots\cdots x\cdots\cdots),$$

簡単には$(\forall x)=\neg(\exists x)\neg$である。

これが「すべて」という語の意味規則の一つである。$(\exists x)$についての話題世界が$(\forall x)$と同じくUであることはもちろんである。この$(\forall x)$と$(\exists x)$という二つの「量化記号（quantifier）」の間の関係を示すのに都合のよい例をあげておこう。

最大数に関する文例

今「①は数である」、「①<②」（①は②より小さい）という二つの述語をそれぞ

れ(……①……),(—①—②—)と記すると、

$$(\forall x)\{(\cdots\cdots x\cdots\cdots)\rightarrow(\exists y)\{(\cdots\cdots y\cdots\cdots)\wedge(-x-y-)\}\}$$

は、「Uのすべてのxについてxが数であれば、少なくとも一つのyが在りそのyはまた数であって$y>x$である」、少し考えればこれは「すべての数にはそれより大きな数(y)が存在する」、更に滑らかにすれば、「すべての数にはそれより大きな数がある」、つまり「数はすべて最大数ではない」ということである。確かに自然数にも実数にも最大数というものはない。一方、

$$(\exists y)(\cdots\cdots y\cdots\cdots)\wedge(\forall x)\{(\cdots\cdots x\cdots\cdots)\rightarrow(-x-y-)\}$$

は、「yなるものが存在し、そのyは数であり且またすべてのxについてxが数であれば$y>x$」、つまり「すべての数xよりも大きな数yが存在する」ということ、とりも直さず、「最大数が在る」と言っているので前の文の反対であってもちろん自然数についても実数についても偽である。先の文と後の文の大切な違いは、先の文の変項yは$(\exists y)$がかかる項の中にだけあってそれぞれのxに対して別々でありうるに対し後の文ではxの如何にかかわらず同一の一つのyが考えられている点である。つまり、前者のyは{ }の中の$(\exists y)$に対応するのに対して後者ではカッコ

を越えて遠く左端の$(\exists y)$に対応している。代名詞「それ」ではこのような芸当はできない。

束縛変項、自由変項

このように存在記号または普遍記号に対応する変項を束縛変項（bound variable）と呼び、そうでない自由変項と区別している。

述語文の簡単な表記法

さて一方述語文$(\cdots\cdots x\cdots\cdots)$、$(-x-y-)$等は主語と述部とを区別して、$Fx$、$Gx$、$y$等と書く。変項をカッコに入れて$F(x)$, $G(x, y)$のように書くこともある。

真理値による述語の定義

さてこう書くとき、述語F、G等の意味が何であるかを先の接続詞の場合と同様に真理値の動きで規定することができる。すなわち、話題世界Uの中の様々な「もの」の名をxとyの場所に入れた時にFxやGx、yが真理値のTとFのどちらをとるかが全部決ってしまえばFやGは完全に規定される。つまり、Uの中の何について真であり何について偽であるかがFやGの意味規定なのである。Gの場合はどんなxとyとの順序対（順序を区別したペア）$\langle x, y \rangle$についてかFかということである。伝統的論理学では、それについてFがTである「もの」の全集合を「外延（extension）」と呼んだのをとって、こういう意味規定を述語の外延的意味規定と呼んでいいだろう。外延的意味規定を採用すると常識に反することを二・三受入れなければならない。例えば、アリストテレスによる「人間」の意味としての「理性的動物」という語による述語「①は理性的動物である」とディオゲネスによる冗談的な述語「①は羽毛がなく二本足である」とは同じ外延的意味規定を持つので同意味となるし、論理的に正しい文である述語、例えば「①は赤いか赤くない」は①にどんな「もの」を代入しても真だから、この述語の外延は全集合Uである。それ故この形の述語はその外延が同一のUであり、従ってすべてが同意味、同様に、「①は赤く且赤くない」のような矛盾的な述語の場合は、反対に、この述語を真にする「もの」は皆無なので、その外延はどんな述語でも空集合となり、そのためふたたび全てが同意味となる。こうした不都合がある代りに、外延的意味規定によって述語を定義すれば、その述語に対応する語が特定の言語、例えば日本語の中にあるかないかを気にしないで定義できるので可能な述語をとりこぼしなしに全部定義できる。この利点は真理値表による外延的定義によって可能な接続詞が全部定義できる利点（六六―六八頁）に似ている。こうして、利点も不利な点もあるが外延的意味規定を採ってゆくと、それらから得られる論理学は当然外延論理学となる。事実、現代論理学は外延的であり、この外延的な現代論理学に行きつくために言語規則説の証明にあたってもこういった外延的定義を採用してきたのだといえる。

n－座述語

そういう事情で述語にも外延的定義を採用することにする。それに応じて表記法も簡略化して（……①……②……）のような文の形を捨てて簡単にG（①, ②）、F（①）等と書き、次にマル数字の代りに変項を使ってG（x, y), F（x）等と書くことにする。一般に変項の数がn箇ある述語、$H(x_1, x_2, \cdots\cdots, x_n)$を「$n$－座述語（$n$-place predicate）」と呼ぶ。これはn箇の主語を持つ関係の述語である。1－座述語は普通「属性」と呼ばれている。

$(\forall x_i)H(x_1, x_2, \cdots\cdots, x_n)$と$(\exists x_i)H(x_1, x_2, \cdots\cdots, x_n)$の真偽

さて、外延的意味規定をとっているのだからn－座述語$H(x_1, x_2, x_3, \cdots\cdots, x_n)$の場合$n$箇の変項の順序$n$対（つい）$\langle x_1, x_2, \cdots\cdots, x_n\rangle$のすべてについてその場合の$H(\ )$が$T$をとるか$F$をとるかが決められていると考える。そこで述語$H$の頭に量化記号をつけた文の真理値の規則を考えてみよう。まず$(\forall x_i)H(x_1, x_2, \cdots\cdots, x_n)$である

が$(\forall x_i)$は前にあげた約束に従って「すべてのx_iについて」と読まねばならない。それで「すべてのx_iについて$H(x_1, x_2, \ldots\ldots, x_i, \ldots\ldots, x_n)$である」となる。この文が真となるのは、$x_i$以外の変項に$U$に属する「もの」を当てはめておいた時に、次に$x_i$に何を入れても$H$は真であるということである。$x_i$は束縛変項、それ以外の$x_j$は自由変項であるから、その呼称をここで使えば、このことは次のように言える。Hの自由変項に入る値をまず定める。その時x_iに如何なる値を入れてもHがすべて真になるならば、その自由変項の値の当てはめに対して$(\forall x_i)H(x_1, \ldots\ldots x_i, \ldots\ldots, x_n)$は真である。少なくとも一つの値に対して$H$が真となるならば、

$(\exists x_i)H(x_1, \ldots\ldots, x_i, \ldots\ldots, x_n)$は真である。

ここで注意すべきことがある。その一つは、$(\forall x_i)H$と$(\exists x_i)H$は$(n-1)$箇の自由変項をもつ開放文（open sentence）であってその自由変項に特定の値を当てはめるとその当てはめに対して上に定めた規定によって真または偽となる。それに対して$H(x_1, \ldots\ldots, x_i, \ldots\ldots, x_n)$は$n$箇の自由変項をもつ開放文で$x_i$以外の$(n-1)$箇の自由変項を特定しただけではまだ真理値は定まらずx_iを更に特定して初めて真または偽となる。

述語論理の文型

ここに到って述語論理を建築することができる。その建築の基礎は、何を以て述語論理に属すべき文型とするかを定めることである。つまり、述語論理の舞台に登場すべき、あるいは登場を許される登場人物（Personae dramatis）を指定することであり、それが述語論理の「文型」の定義である。それ以外の記号や記号の列は馬の骨として述語論理からしめだされる。それは、命題論理の文型はまた述語論理の文型であり、かくて述語論理は命題論理の拡大拡張であることを示す条項(イ)から始まる。

定義Ⅲ

(イ)　命題論理の文型、すなわち命題変項を四つの接続詞で接続したものはまた述語論理の文型である。

(ロ)　開放文 $H(x_1, \cdots\cdots, x_n)$、そしてそれに量化記号を接頭したものは述語論理の文型である。

(ハ) 述語論理文型A、B、C、……等を接続詞で接続したもの、またそれらに量化記号を接頭したものは述語論理の文型である。

回帰定義

この述語論理の文型の定義は回帰定義(recursive definition)と呼ばれる。それは無限箇ある文型を指定する目的で、まず一群の基礎となる文型を(イ)や(ロ)で指定し、次にそれらを材料要素にしてそれらを結合して新しい複雑な文型を作り上げる方式を(ハ)で枚挙している。そのため一つの記号列が与えられたとき、それが正しく述語論理の文型であるかないかは、(ハ)の結合方式を逆にたどってその要素に至りその各要素記号列が文型であるかどうかを検査する、そしてこの手順を繰返してより簡単な要素部分を追って最後にそれらが(イ)と(ロ)で指定されたものであるかどうかをテストすることでなされる。つまり、どんな記号列が与えられようとそれが認可された文型であるか否かを一意的に決定する手順がありしかもその手順は有限回のステップで終る、それが回帰定義の勝れた特徴である。簡単に云えば、定義された概念の適用の判別方式を取りこんだ定義である。

妥当文型

述語論理とはこの回帰定義による文型の中から論理的に妥当な（valid）文型を指定することによって成立したものである。命題論理では、要素変項文の真偽のあらゆる配当に対しても恒に真である文型を妥当文型とした（5章定義Ⅰ）。述語論理の妥当文もその主旨は同じであるが、その文型がより複雑で可変部分が多いのでそれに対応した複雑さが要求されるのはいたし方がない。

定義Ⅳ

妥当文型とは：

(1) その文型に出現する変項文にT、Fのあらゆる組合せを与え、

(2) 話題世界として任意の空でないUをとり、

(3) その中に出現する自由変項にはそのUの任意の要素を割り当て、開放文にはその割当てに対してT、Fを任意に指定する、(1)、(2)、(3)の手順を施して

もそのあらゆる場合にその文型が恒に真である。

つまり、可変部分を目一杯に自由に動かしても恒に真となる文型を妥当文、すなわち述語論理的に正しい文型とするのであり、この定義から妥当文型はまた「恒真文型」、「トートロジー」[3]とも呼ばれる。

この定義は一見甚だ複雑で見透しがきかないように思えるがそうではなく案外簡単なのである。実例として、

$(\exists y)[(\exists x)Fx \to Fy]$

が妥当文型であることを証明してみよう。これには変項文は含まれていないから定義Ⅳの(1)項は無視してよい。そこで話題世界として、a、b、c、等を要素とする集合$\overline{U}$を考える。次に1－座述語 $F(x)$ として x に$\overline{U}$の要素を与えた時の真理値を自由にきめる。ケース(i)は或る要素aに対しては $F(a)$ が T である、ケース(ii)としてはどんな要素の場合も $F(x)$ は偽である、とする。それ以外のケースはない。

ケース(i)では $F(a)$ が T だから $F(x)$ を T にする x が存在する。従って $(\exists x)Fx$ は T であり、また Fa も T である。故に「→」の真理値表表4（六八頁）から $(\exists x)Fx$

→$F(a)$もTである。そのようなaが存在するのだから量化記号の真理値の規則によって問題の文型$(\exists y)[(\exists x)Fx \rightarrow Fy]$はTである。

ケース(ii)の場合は$(\exists x)Fx$がF(偽)であるから任意のbに対してy=bとすれば表4によって$(\exists x)Fx \rightarrow Fy$はTとなる故にやはり元の文型はTとなる。以上。

以上で判るように、話題世界Uを勝手にとるとか述語の真理値を自由に決める、といった事もさしたることではなくて、若干のケース別になって事が進んでゆくのである。

公理系による公式的証明

しかし述語論理で或る文型が妥当文であることを証明するときにこの事例に示したような気楽な考察で片付くわけではない。この事例で示したような非公式非形式的(informal)な証明ではなくて、公式的形式的なかっちりした証明が必要である。そのためには一段一段と積み重ねてゆく方式がとられ、その出発点として何種類かの公理系が案出されている。それらは論理学の教科書を参照して戴くことにして本書では立ち入らない。

しかし、それらの教科書が目指しているのは等しく定義Ⅳでの妥当文型を導出することである。様々な公理系もその公理系から許された規則によって演繹される文型の全集合が定義Ⅳの妥当文の全集合とぴったり一致することが証明されている(完全性定理と呼ばれている)。だがこのことこそ本書で言語規則説と呼んだものが目指したことに他ならない。定義Ⅳでの妥当文型であるかどうかはその文型が「恒に真」であるかどうかで決定される。その際、その文型の真偽は四つの接続詞の真理値表と量化記号の真理値規則によっていわば計算される。だがその真理値表と真理値規則とは四つの接続詞と「すべて」という総称詞の意味規則に他ならない。すなわち、定義Ⅳの妥当文は言語の意味規則に基づき意味規則によって決定されているのである。ところが論理学の教科書が目指す所がこの妥当文の全集合を過不足なく導出することなのだから、「論理とは言語の意味規則なのだ」という言語規則説の主張はここで証明された、といってよいだろう。

以上、5章6章にわたって述べたことは、要約すれば、現代記号論理学を構築する大筋の手順であった。その手順が、四つの接続詞と「すべての」という総称詞から出発して「論理的に正しい」文型のすべてを導出する、ということになっている。だからそれがまた「論理は言語規則から導出される」という言語規則説の主張でもある。それ故に、以上の論理学導出の手順が同時に言語規則説の証明にもなっているのである。

7 異なる言語に異なる論理？

言語規則説への疑問

本書で主張してきた言語規則説によれば、論理とは言語の規則に基づくといわれる。では言語が違えばその言語規則も異なり、言語規則に基づく論理も違ってくる道理ではあるまいか。しかし、論理学は万国共通で各国語毎に別々であるようには見えない。それ故言語規則説はこの論理の普遍性の事実と矛盾しているのではないか。

非主題的な語群から全域論理学

確かに論理はどのような語群の意味規則から出発するかによって異なってくる。

5章で述べたように、幾何学の語群から出発すればユークリッド幾何学の論理が生じ、親戚語群から出発すれば親戚関係の論理が生じる。しかしこれらは幾何図形とか親戚関係といった特定の領域にのみ通用する局所論理学であった。しかし通常「論理学」といわれているものが扱うのはこのような局所論理学ではなくて、あらゆる領域に通用する全域論理学である。5章で説明したように、この全域論理学はあらゆる主題に対して通用すべきである、という所に着目して、出発すべき語群として、非主題的な語を選んだ。その結果が四つの接続詞と「である」という繋辞、「すべて」という総称詞だったのである。

記号論理学の普遍性

そしてこの選択は本書では日本語において行ってきたが、例えば英語や中国語において行っても同じ結果であったであろう。その証拠の一つは、ヨーロッパ語から出発した現代記号論理学が世界各国語に翻訳されて通用しているという事実である。本書においても、まず日本語に翻訳された現代述語論理学というものがあって、それに適合するように日本語から論理学を再構成してきたのである。このように現代の記号論理学が各国語を通じての普遍性があることは言語規則説と矛盾するどころか、反って言語規則説によってその普遍性が理解できるのではないかと私には思われる。

というのは、どんな言語をとってもその中で非主題的な語群を探すとなれば日本語の場合と同じく接続詞や総称詞に行きつくであろう。そしてそれらの意味規則に基づいた論理はほぼ同一のものとなるであろう。

接続詞から考えてみよう。どんな言語でも文章が一つずつ孤立しているということはないだろうと思う。そういう言語では誰もが一言居士にならざるをえないし、或る程度以上の長話ができないことになる。そこでどうしても「話をつなぐ」言葉、つまり連言の接続詞がなくてはなるまい。次に否定詞が必要であることには長い説明は不要だろう。否定詞を持たぬ言語が如何に不便なものか誰も容易に想像できるだろう。次に選言詞であるが、人間の知識は常に不確実であることを思えば、pであるか又はq、といった言い廻しはどんな言語でも不可欠であろう。それによって初めて不確実でありながらも若干の情報を伝えることが可能となるからである。このように見てくると、どんな言語をとってもその非主題的な接続詞として連言、選言、否定、そして条件の四種類に到達するのはむしろ自然であると思われる。更に、繋辞またはそれに当る言葉を持たない言語はあるまい。本書ではこの繋辞をFxのような表記法で表現したが、後には集合とその要素との関係

「xは集合Mの要素である」：$x \in M$

として特定の述語として表現され、集合論の中核となり、やがてその集合論によって初等数論を初めとする全数学が構成されることになる。一方、「すべて」という総称詞を欠いては数学は言うに及ばず日常生活も遂行し難いであろうからどんな言語にも総称詞に当る言葉はあるだろう。

こうみてくるとどんな言語を選んでも非主題的な言葉としてはほぼ同一の語群が選抜されることになるだろう。そしてそれらの語群の意味規則に基づいて5章6章と同じ仕方で論理が構成されるとすれば、かくして構成された論理はほぼ同一のものであろう。

こうして論理の普遍性と言語規則説とは矛盾する所ではなく相互に適合するのである。

弁証法と形式論理

しかし一方、言語が異なれば論理も異なるという事例がないわけではない。例えば、マルクス主義者の一部の人は弁証法こそ正しい論理であって、古典、現代を問わず形式論理学は誤りであると考える。例えば形式論理学で矛盾文型とされる〔$p \wedge (\neg p)$〕は実は正しい妥当文型であるとする。しかし言語規則説から見れば、これは弁証法擁護者が日常言語と異なる言語を基礎にとっていることからくるのだと言える。それに対して形式論理はまさに日常言語の論理なのであり、その日常言語での連言接続詞と否定詞の使用規則からすれば「pであって且pでない」というのは恒に偽である他はない。だからこの二つの接続詞を語源とする$\wedge$と$\neg$についても〔$p \wedge (\neg p)$〕は偽とする他はないのである。それに対して、何等かの理由でこの標準的用法規則とは違う連言及び否定接続詞を使う人にとってはこの矛盾文型は恒に真である妥当文型になるだろう。そしてそうなったのが弁証法論者なのである。こうして弁証法論理と形式論理の対立は、意味を異にする二つの言語、または同一言語内での二種類の接続詞の対立に根ざしている。それ故、二つの論理の何れが正しいかという論争は不毛であり、それらの基礎となっている二つの言語、または二種類の接続詞の何れがこの世界を描写表現するのにより適切であるかという問題に変更すべきなのである。

弁証法と形式論理の対立に似た対立が形式論理それ自身の中にもある。それは量子論の世界を描写表現するためには通常の形式論理では不適切である、ということから起きたことである。周知のように量子論では一つの粒子の位置と運動量のような二つの物理量を同時に正確に測定することはできない。そのため一つの粒子について「時刻t_0においてその位置はxであり且その運動量はmである」という文は無意味になる。だが通常の形式論理（そして弁証法論理でも）では二つの有意味な文を連言接続詞で接続したものはもちろん有意味な文である。このことから量子論では通常とは異なる連言接続詞を導入するか、あるいは通常の連言接続詞を使い続けるが日常論理に一部の変更が生じるのを我慢するか、この二つの道の何れかをとらねばならない。現実の問題としては上の第二の道がとられて量子論理学なるものが作られることになった。

ほんの一例だがこの量子論理学では通常の論理学の分配律と呼ばれる妥当文型が成立しない。同様に、直観主義と呼ばれる数学では通常の排中律文型が必ずしも成り立たないものとされる。

量子論での連言接続詞の異常とでもいうべき事態に似たものは5・6章での通常論理学の構成においても実は既に生じていたのである。それは選言詞「又は」についてである。日常言語で「p又はq」という時、pとqとは「生きるか死ぬか」「戦うか亡びるか」といったように反対の意味を持っているのが普通である。つまり、pとqとが反対の意味でないと「p又はq」は意味を持たないのである。それ故例えば「山は高いか又は四は偶数である」といわれれば人はぽかんとしていぶかしく思うだろう。しかし論理学の構成に当ってはこの「又は」を語源として新しい選言接続詞∨を真理値表で定義する際には「又は」の持つ上述の性格を意図的に無視する。それは「有意味な二つの文を接続詞で接いだ複合文はまた有意味である」という「有意味性についての閉鎖性」とでもいうべき原則を重視する政策をとったがためである。ただしこの政策は歴史的に意識して論理学の建設者達がとったものではなく、論理学の再構成に当って不可欠のものとして私がたてたものであるが。

その結果$p \vee q$はpとqとの関係如何に拘らず有意味な文として真理値を持つことになっている。

接続詞と分割描写

ここで通常の命題論理学で果している接続詞の中心的な役割について考えてみたい。接続詞の役割は複数の文を接続してより複雑な複合文を作り上げることである。このとき接続される元の文は原子文、作られた複合文は分子文と呼ばれることがある。これらは単なる呼び名であるがそれ以上に接続詞の性格を強く示唆している。つまり、原子や分子の概念が原子論として世界をその要素に分解して理解するためのものであるように、接続詞も世界を要素に分割して描写し、それらの要素的描写を接続することで世界を描写するという機能を果しているのである。複数の粒子からなる多粒子系の描写であれば、その各構成粒子の状態を描写する文を連言接続詞で接続したものがその多粒子系を描写する文となるようにである。

量子論での接続不能

ところが再び量子論ではこの方法をとることができない。例えば、二つの粒子からなる系の量子論的描写はその二粒子の座標を変数とする多変数の状態関数（state function）によってなされるが、この関数、すなわちそれぞれの粒子の座標を変数とする各粒子の状態関数を何かの接続詞で接続した形にすることは一般には不可能なのである。(1) つまり、量子論では多粒子系の状態を各粒子の状態に分割することができないのであり、当然その接続などは無意味になる。ここにも通常の形式論理学の適用の限界があり、量子論理という別段の論理学が必要になる。

確率論と接続詞

しかし他方、通常の論理学の接続機能が見事に発揮される場面があることを忘れてはならない。その好例の一つが確率論である。例えば1から6までの目があるサイコロを投げる、という確率論では必ず登場する実例をとってみよう。ここで例えば、偶数の目がでる確率を問題にするとき、偶数が出るということを、2が出る、4が出る、6が出る、というように各々の場合に分解し、そしてそれを接続詞「又は」、あるいは新接続詞∨で接続するのである。つまり、「2が出る」∨「4が出る」∨「6が出る」、とし各原子文の確率の合計で分子文「偶数の目がでる」の確率を計算する。ここで和をとるというのは論理学の規則ではなく確率論の法則によるのである。同様に、二つのサイコロの目の和が5となる確率ということになると、一方が2で他方が3、1と4、そしてそれらの逆という四つの場合に分解しその原子文を∨で接続すればよい。〔(aが2)∧(bが2)〕∨〔(aが1)∧(bが3)〕∨……というように。二つのサイコロの目が一致する、ということも、1と1、2と2、というように分解してその原子文を選言で接げばよい。そして原子文、例えば2と2が出る、ということ自身もまた一方に2がでる、他方に2が出るという原子文を連言接続詞「且又」か∧で接げばよい。その場合の確率は和ではなく積になることは御存じであろう。

総称詞の接続機能

一つの事態を要素に分解してその要素描写を接続するという接続詞の機能はまた総称詞（$\forall x$）にも共有されている。なぜなら総称詞（$\forall x$）またはその語源「すべての」は各要素について箇別に述べる事柄を一括総称して述べる言葉であるからである。こうしてみるならば、現代の述語論理学をその最も洗練された形とする形式論理学は世界の分割描写に最も適した言語の論理学であるといえるだろう。そして近代科学が原子論という典型的な分割描写方式をとっていることをみれば、形式論理学はまた近代科学の論理学であるともいえるだろう。

論理は世界に相対的

しかしこのことから形式論理学を金科玉条の論理学だと思うことは間違っている。言語規則説のいうように論理は言語規則に基づくものであるならば、言語が異なれば論理も異なる筈である。そして世界が異なればその世界を描写するのに最適な言語も異なってくるだろうし、世界が同一でもその世界を眺める観方が変ってくればその観方の下での世界描写に最適な言語も異なってくるだろう。言語学ではサピア＝ウォーフの「言語によって世界観が決定される」というテーゼが有名であるが事は逆で、「それぞれの世界観には異なった言語が最適となる」というべきであると思う。そして言語が異なればそれに応じて論理もまた異なってくるのである。その好例として我々には量子論理学がありマルクス主義者には弁証法があることを上にみた。

では仮に地球以外の天体に知的生物が生存していたらその論理は我々の論理と違っているだろうか。これは仮定の質問であり、従って仮定の答弁が許されるだろう。

*E・T*生物の論理

もしその*E*・*T*生物と我々が十分長い時間に渡って相互研究したとする。そのあげくに言語的な交信が不可能であるならば（現に我々は人間以外の動植物と言語的交信不可能である）、論理が同じとか違うということも問題外であろう。犬や猫の論理がどうなのかを調べる手段がないのと同様である。だが仮に対話ができたとするならば、恐らくはその論理は同じか非常に類似したものと推定できるだろう。なぜなら対話できるということの中には接続詞や総称詞等の基本語が共通かまたは類似しているということが含まれているからである。

8 論理的必然性

必然性をとり上げる

言語規則説、つまり、論理とは言語の意味規則に基づいている、という事を前章までに証明した。そこでこれから論理の持つ様々な性格を検討し、それらの性格が言語規則説の下ではどのように眺められるかを示すことによってこの言語規則説の射程を明らかにし、そのことによって規則説の間接的証明としたい。そこでまず論理的必然性の問題を取上げたいのである。

論理的文は経験的検証と無縁

論理的な妥当文、例えば排中律や論理的な推論は数学の定理と同様な、有無を云わせない必然性を持っている。経験的な命題にも「晴れて雲一つない日には雨は降らない」というように文句のいえない確かな真理性を持つものもあるが、「明日は雨か雨ではない」という妥当文や「3＋5＝8」、「三角形の三中線は一点で交わる」といった数学の命題の持つ必然性は持っていない。この必然性というのは心理的な感覚でもあるが単に心理的感覚に過ぎないというのではない。論理や数学の命題が必然性を持つ、ということには二つのことが伴っている。一つはそれらが経験的な検証を必要としない、ということであり、今一つはその真理性は命題の意味だけから判定できる、ということである。3＋5＝8であることを確かめるために、三つのりんごや石や机に五つのそれらの物を合せて全部を数えれば八つになる、という実験を繰返す必要はない。また仮にそういう実験の一つで答が七つであったということがあったとしたとしても3＋5＝8が間違いだということにはならない。むしろ実験の方に数え間違いや物体の消滅、出現という不思議なことが起きたのだろうということになろう。事実、一つの素粒子に一つの素粒子を衝突させて素粒子が共に消滅してガンマ線などが発生するということは珍しくないが、だから1＋1＝2が誤りになったと考える人は誰もいない。また、三中線一点交の命題に対して紙上に三角形をいか程描いてその三中線が一点で交わるのを見せたとてそれはその命題の検証にもならず証明にもならない。それらと同様に「明日は雨か雨でない」という排中律文は明日の天気を何千回調査した所で何の検証にもなりはしない。「赤瓦は青くない」という文も同様で、この文に対しては世界中の色瓦の悉皆調査をしても何の役にも立たない。これらの数学的、論理的文の真理性は経験的な検証を必要としないし、やったとて無駄なのである。そうではなくて、3+5=8は自然数の意味や加算の意味（それらは例えばペアノの公理や数のフレーゲ的定義によって表現されている）からして証明され、三中線一点交の文はユークリッド図形である線分や線分合同の意味（それらはユークリッド以来いくつかの公理系の形で表現されている）によって証明されるのである。その際に紙上に鉛筆で描かれた作図が利用されることがあるだろうがそれらはその証明の理解を助けるための挿し絵の役を果しているに過ぎない。これら数学的な文における事情はまた論理的な文に対しても変らない。「赤瓦は青くない」が真であるのは色名である「赤」と「青」という言葉の意味、すなわちこれらの色名の適用が一時に一つであって異なる二つ以上の色名を一つの色に適用しない、ということからきていることはまず多くの人が認める所であろう。

つまり問題の文の真理性は経験的検証によるのではなくて色名の意味規則によるのである。排中律の一般的な文型である「$p\vee\neg p$」についても同じである。これがpの真偽何れの場合にも真となることは表1（5章）で表現されている選言詞$\vee$と表3の否定詞$\neg$の意味規則によることは明らかである。このように、論理的な文や文型の真理性は言語の意味規則から導かれる、このことはまさに言語規則説の主張する所に他ならない。ということは、論理的な文は経験的検証によってではなく言語規則によって真とされるという特性は言語規則説からすれば当然のことであり、だから逆にこの特性が言語規則説を強く支持することになるのである。そしてまた、論理的な文が持つ必然性という心理的感覚もこの言語規則説の立場からすれば自然に了解される。

排中律の場合

上の排中律の文型「$p\vee\neg p$」を例にとってみよう。上に述べたようにこの文型の真理値を表1と表3から計算してみる。まずpの真理値がTの場合、表3によって

$\neg p$はFとなる。すると「$p \vee \neg p$」の$\vee$の左はTで$\vee$の右手もFとなる。表1では上から二段目がその場合に当り、その時の「$p \vee \neg p$」はTとなる。次にpの真理値がFの場合には、$\neg p$がTとなり表1の上から三段目の場合となって「$p \vee \neg p$」はやはりTとなる。したがって、pの真理値の如何に関せず「$p \vee \neg p$」は真、即ち恒真となる。

規則に従う

以上で述べた「思考」は簡単なもので、表を読むことと読んだことを計算に適用することに尽きている。そして前に述べたように、表1と3は意味規則の一つの表現の仕方に過ぎない。したがって表を読んで適用するというのは意味規則に従うことに他ならない。そして我々が「必然的」と感じるのはこの表を読んでそれを適用するということにおいてである。そこには何の曖昧さもなく紛れもなく、全く簡明で断固としている。それを「必然的」だと感じるのである。この必然性の感覚は言語の場合に限られたものではなく、一般に明確な規則に従う場合に感じるものである。野球の規則、例えばストライクを三つ見逃せばワンアウトという規則に従ってアウトを取られたとき「必然的」と感じはしないだろうか。また敵の飛車が自分の金を取って龍に成るときそれは「必然的」であり、私は何の疑念も抱かないし、抗議を一切しない。一種の天命の如く観念して嘆息するだけだろう。そして野球であれ将棋であれ言語であれ、規則というものは簡単明瞭で「割り切っている」のが普通である。言ってみれば規則は連続的で境界が曖昧なアナログ型ではなく人為的に境界を明瞭に引いたディジタル型なのである。このきっぱり割り切れた規則に従う時に我々は有無をいわせぬ「必然性」を感じるのである。そして、規則に従うということには経験的検証などが無関係であることは明白であろう。必要なのは唯々規則のいう所を理解してそれに従うことだけである。このことを我々は野球や将棋の場合に見てきたが、論理についても事は全く同様であり、言語の意味規則に従うことだけが唯一の仕事なのである。そしてそれらの意味規則に従うとは具体的にはどうすることなのか、それを教えるのが論理学の教科書なのである。それらの教科書には本書でのように論理と言語との関係をあからさまに述べているものは少ない。しかし、それらが論理法則として述べているものは実は言語規則そのものに他ならないことを主張するのが言語規則説であり、その主張を証明したのが5章6章である。

規則に従わないと

しかし、ここで一つの疑問が起きる。

論理とは言語規則であり論理的な文とはそれら言語規則に従うことだと述べたが、規則に従うか従わぬかは各人勝手ではないか。もしそうならば論理もまた各人勝手ということになるはずだがそういうようには見えない。これはおかしいではないか、という疑問である。

だが野球の規則に従わなければ野球のゲームは成り立たない。だから野球をやるつもりである限りは野球規則に従わざるをえない。同様に将棋の駒を自分勝手に動かすのならばそれはもはや将棋ではない。だから将棋をするつもりである限りその規則に従わざるをえないのである。つまり、野球であれ将棋であれ、そのゲームをする、ということの中にはその規則に従うということが含まれているのである。だから、そのゲームをする、という前提の下では、規則に従うも従わないのも自分の勝手だとはいえない。言語の場合もゲームと全く同じである。言葉を使う、言葉のやりとりをする、ということにはその言葉の意味規則に従うということが既に含まれている。その規則を守らなければ言語使用ということが成り立たないのである。それ故、言葉を使う限りはその規則に従わないということはありえないのである。万が一その規則を破ることがあれば言葉のやりとりは不可能になる。その言葉は理解し難い意味不明の雑音や落書きになるからである。

したがって、言葉を使う限りはその規則である論理に従っているし従わざるをえないのである。それにも拘らず敢えて論理に従わないという人の言葉は了解不可能なものになって「話の相手」としての資格を失なって言語的孤独に陥らざるをえないだろう。

この故に論理には従うも従わぬも勝手というわけではなくて、言語を使う限りは論理に従わざるをえないのである。そしてこの面からも論理に「必然性」を感じることになる。

9　古典的三段論法

古典的三段論法と記号論理学

前章までに言語規則説の導きの下で構成してきた「論理」とは他でもない、Russell, Whitehead の“*Principia Mathematica*”に始まる現代論理学の体系である。前章までの手続きは実はこの現代論理学が言語規則説によって再構成できることを示すことであった。しかし歴史的事実としては現代論理学の前にはアリストテレスによって組織化された古典論理学というものがあり、この古典論理学の中核をなすものが「三段論法（syllogism）」と呼ばれる推論型であった。そこでこの古典論理学と現代論理学とのつながりを示すために、三段論法を前章で構成した述語論理から導出してみる、これが本章の課題である。

三段論法各種

三段論法というのは、その一例をあげると、

大前提　「すべてのFはG」

小前提　「すべてのGはH」

という二つの前提から、

結論　「すべてのFはH」

を導き出す推論である。しかし二前提と結論の文がこの例のように全称肯定文であるとは限らずに、全称肯定文(A)、全称否定文(E)、(例えば「いかなるFもGでない」)、特称肯定文(I)、(例えば「或るFはG」)、特称否定文(O)、(例えば「或るFはGでない」)、の$AEIO$の四種類の中の一つであればよい。大小二前提と結論がそれぞれこの$AEIO$のどれであるかの組合せは4^3通りあり、その各組合せを式(mood)と呼ぶ。更に、結論の主語Fを「大名辞」、述語Hを「小名辞」と呼ぶが、この大名辞が大前提の主語であるか述語となっているか、小名辞が小前提の主語述語の何れであるかで「主語 - 主語」、「主語 - 述語」、「述語 - 主語」、「述語 - 述

語」の四種類が考えられる。これを第一から第四までの格(figure)と呼び、式と格のあらゆる組合せを考えると全部で$4^4=256$種の格式の三段論法があることになる。しかし、その中で正しい三段論法の型は一九種類しかない。ここで「正しい」というのは、真なる前提から真なる結論が得られる、という意味であり、更に簡単な変換で得られるものを除いて数えてある。

正しい三段論法

さてこれら三段論法を前章で構成した述語論理の表記法で書き、更に正しい三段論法の正しさを証明することができる。まず四種類の文型が次のように表現できる。

全称肯定A:$(\forall x)(Fx \rightarrow Gx)$
全称否定E:$(\forall x)(Fx \rightarrow \neg Gx)$
特称肯定I:$(\exists x)(Fx \wedge Gx)$
特称否定O:$(\exists x)(Fx \wedge \neg Gx)$

ここでは古典論理の名辞であるFやGを1-座述語と解しており、また特称の

「或る」を「少なくとも一つのxが存在して」と敷衍的に解釈してある。上に例にとった三段論法は

大前提　$(\forall x)(Fx \rightarrow Gx)$
小前提　$(\forall x)(Gx \rightarrow Hx)$
結論　$(\forall x)(Fx \rightarrow Hx)$

となる。今任意の話題世界Uをとり、そこで大小二前提が真だとする。今Uの任意の要素aをとりFaが真とする。すると大前提「すべてのxについて$Fa \rightarrow Ga$」が成立している故にGaは真である。すると今度は小前提が成立している故にHaが真となる。従って→の真理値表（5章、表4）によって$(Fa \rightarrow Ha)$は真である。今度はFaが偽だという場合を考えると、大小二前提とは関わりなく、→の真理値表から$Fa \rightarrow Ha$は真である。故にFaの真偽に関わらずに$Fa \rightarrow Ha$は真である。aは任意に選んであるのだから、すべてのxに対して$(Fx \rightarrow Hx)$が真であり従って結論$(\forall x)(Fx \rightarrow Hx)$は真である。こうして上記の三段論法は前提が真である時に真な結論を導出する推論であり、この意味で「正しい」三段論法である。

こうして古典論理学の中核である定言的三段論法理論は現代述語論理の非常に特

殊な場合であることが示される。

推論型と文型

しかし、三段論法は「推論」であっていかにも「論理」というにふさわしいのに対して、現代述語論理は妥当文の集りであって推論ではないのはどうしたわけか。だが論理が排中律のように「文型」であるか三段論法のように「推論型」であるかは何等本質的な事柄ではない。「推論型」から「文型」を導くこともできればその逆もできるからである。

推論型と文型の相互導出

まず正しい推論型 $X \Rightarrow Y$ があるとする。X は前提で Y は結論とする。前提は一般には一つ以上幾つあっても同じである。ここで"$X \rightarrow Y$"という文型を作ってみる。前提が X_1、X_2……X_n と n 箇ある場合には X の代りに X_i の連言を作って

$X_1 \wedge X_2 \wedge \cdots\cdots \wedge X_n \rightarrow Y$とする。仮定によってこの推論型は「正しい」のだからこの文型の前項Xまたは$X_1 \wedge X_2 \wedge \cdots\cdots \wedge X_n$が真ならば→の真理値表によって後項$Y$も真である。従って$X \rightarrow Y$または$X_1 \wedge X_2 \wedge \cdots\cdots \wedge X_n \rightarrow Y$は前項、後項共に真だから→の真理値表によって真である。次に前項が偽である場合にはこれまた真理値表によって$X \rightarrow Y$等は真である。すると結局、$X \rightarrow Y$はXとYの真偽すべての場合に恒に真なのだから5章の定義Iによってこれは妥当文型である。すなわち、正しい推論型から一つの妥当文型が導出できる。このやり方の逆も難しくない。→を真中に持つ一つの妥当文型$X \rightarrow Y$があれば、Xが真な時はYも真であるから、$X \Rightarrow Y$という正しい推論型を導くことができる。

こうして「論理」というものをこれまでのように「妥当文」の集合と考えるかあるいは三段論法のように「正しい推論型」の集合と考えるかはどちらでもよく、どう考えようと一方から他方が導き出せるのである。

接続詞→

このように言えるためには上の説明から明らかなように、$\rightarrow$という接続詞の真理値表が中心的役割を果たしている。この接続詞の働きによって更に推論と妥当文との関係について興味あることがいえる。例えば、

妥当文型は任意の前提から結論として推論できる。

なぜなら$p \rightarrow X$においてXを妥当文型とするとXは恒に真だから真理値表によってpの真偽如何に拘らず$p \rightarrow X$は真である。故に上述の考察から前提が真ならば結論も真という意味で$p \Rightarrow X$は正しい推論である。ここでpは如何なる文であってもよいのだから妥当文型Xは任意の前提の結論として推論できる。

矛盾文型から任意の文が推論できる

これと対照的に、

矛盾文型からは如何なる文も結論として推論できる。ここで矛盾文型とは妥当文型の否定型を意味し、妥当文が「恒に真」であることから「恒に偽」である文型である。

今一つの矛盾文型をXとすると$X \rightarrow p$は前項が偽であることからpの真偽に拘らず真であるから$X \Rightarrow p$は正しい推論であり、Xを前提として任意の文pが結論として推論できる。

我々が矛盾文をすべての議論において拒否するのはこの性質のためである。どんな議論であっても、矛盾文を一つでも許容すればそれから如何なる文でも正しく推論できる。ということは何でも言いたい放題ということであり、何でも言いたい放題ではおよそ議論などできはしないからである。一方、妥当文型は任意の文から推論できる、ということは妥当文というものが実は経験的情報がゼロであることを示している。経験的意味内容がゼロであるからどんな文の意味にも含まれていてそれから引き出されるのである。妥当文とは言語の意味規則から導かれる、という言語規則説の主張からすれば、妥当文が経験的意味内容を全く欠いているということは当然のことなのである。それに対して矛盾文は何でもかでもあらゆる意味を含んでしまっている文であると見ることができるだろう。

以上のこともまた接続詞→を媒介として生じる。それを奇妙というのならば、→にはもともと奇妙な所がある。その真理値表からして$p \rightarrow q$が真なのはpが真でq

も真、pが偽（qは真偽何れでもよい）またはqが真（pは真偽何れでもよい）という三つの場合である。だから「雪は白い」→「炭は黒い」も「雪は黒い」→「今日は月曜」も「今日は月曜」→「雪は白い」もすべて真だということになる。

もしここで若干の教科書に不注意に書かれているように、→を「もし……ならば」、英語では(if……then……)という条件法の記号だとすればこれらは全く奇妙なことになる。事実このことは「真理値条件法」(material implication)のパラドックス」と呼ばれてそれを種に記号論理学をブルジョア観念論として批判する、という滑稽なことさえあったのである。しかしそれらはすべて接続詞→の性格についての無知や一知半解に根ざしている。5章で述べたように接続詞→は他の接続詞の∧、∨、「と同様、日本語や英語に既にある既知の接続詞を記号化したものではないのである。そうではなくて、既知の接続詞を**語源**として新しく真理値表によって定義された**新語**なのである。それ故→をそのまま「もし……ならば」と読むと奇妙なことが起きるのは当然であり、そのことで→を批難するのはお門違いなのである。→は新しい条件法接続詞であって、既知の「ならば」という接続詞を語源としており、そのことによって「ならば」と相当強い類似性をもってはいるが同じ接続詞ではないのである。しかし、新接続詞→の働きの有効性は上に述べた推論と妥当文との関係においても充分明らかになったものと思う。その反面として例えば原因‐結果関係の「ならば」には→は全く使用できない。

10　思考の論理性

二つの結論

以上において二つのことが明らかになったであろう。

(1)　思考は必ずしも言語化されてはいないがその思考経験の想起にあって言語的思考となる。

(2)　論理とは言語規則そのものまたはそれから導出されたものである。

思考は必ず論理的？

この二点を前提とするとき、或る思考が論理的であるとかない、ということの意味はどうなるだろうか。思考が言語化されているときそれは当然その言語の規則に従っている筈である。だとすればその思考は上の(2)によって論理に従っている。しかも自働的に論理に従っていることになる。だとすれば、思考は言語化されている限り、そのすべてが論理的だということになる。

だがこの結論は何とも奇妙である。何を考え何を思っても常に論理的だろうか。では世の中に非論理的な考えというものが山とあるのはどうしてなのか。

論理と言い換え

その通り。言語化された思考ならばそれが正しい言葉使いである限り必ず論理学の法則に従っているという意味で論理的である。なぜならば、正しい言葉使いであるということは言語規則に正しく従っているということであり、言語規則に従うということが論理法則に従うということだからである。例えば一つの推論があるとして、その前提をP、帰結をCとしよう。その推論の思考は言語化されれば「Pである。故にCである」となるだろう。そしてこの思考は、PとCとの一般化であるpとcという論理式があって$p \to c$という論理法則があるならば、論理的に正しいと言える。$p \to c$が論理法則ならばこれは恒真式であり条件法接続詞$\to$の真理値表からしてpが真の時にはcは真である以外にはない。cが偽ならば$p \to c$は偽になって恒真ではありえないからである。そしてこれまで述べてきたように、$p \to c$が恒真であるのは$\to$の真理値表を始めとする言語規則に基づいている。このことから、上の推論は結局、Pという前提を言語規則に従って言い換えを行ってCだといっているのだと解釈できる。つまり、「Pである。それを言い換えればCである」ということなのである。この言い換えは数学では式の変形に当る。例えば、$(a+b)^2=a^2+2ab+b^2$という周知の二項定理は左辺を言い換えれば右辺になる、ということであり、$ax^2+bx+c=0$を言い換えれば

$$a \cdot \left(x - \frac{\sqrt{b^2-4ac}}{2a}\right) \cdot \left(x + \frac{\sqrt{b^2-4ac}}{2a}\right) = 0$$

となり、それを更に言い換えれば

$$(a \neq 0) \to \left(x = \frac{\sqrt{b^2-4ac}}{2a} \text{ 又は } \frac{-\sqrt{b^2-4ac}}{2a}\right)$$

ということである。すなわち二次方程式の根の公式となる。こうした数学の式の変

形が論理的であることはもちろんだが、それに対応する日常的な言い換えもまた論理的なのである。この観点からみれば、論理法則に従うという意味で「論理的」ということはすなわち「正しく言い換える」ことに他ならず、論理学とは言い換えの規則集に他ならない。だから論理的に推論しても前提に述べたこと以外に新しいことは全く発言されていない。つまり論理的推論は事実についての情報を何一つ付け加えないのである。だがこのことを裏から言うと、論理的であるとは「首尾一貫していること」、つまり、話の中に食違いや矛盾が一つもないことなのである。またその話の真偽は事実情報によって左右されず、ただ言語規則によってのみ判定される、したがって経験的検証にかかわりないという意味で「必然的」なのである。

　このように「論理的」ということを論理法則に従っているという意味にとるならばどんな思考でもそれが言語化されていさえすれば、また言語化されていることによって、いわば自働的に論理的である。したがって、屢々「論理的な思考」とか「非論理的な思考」が云々される時の「論理的」ということの意味は単に論理法則に従っているということではないだろう。ではそれはどんな意味だろうか。私の観察ではそれは、話がきちんと整っていて歯切れがいいとか話の段取りと筋道が明確に輪郭付けられている、用語が適切明瞭で紛れがないとかといった知的に審美的な諸特性を指して論理的といっているように思われる。それゆえ、時に言われるように、フランス語は日本語よりも論理的である、というようなことはありえない。誰それの思考は概して論理的だとはいえるが一つの国語が論理的だとは無意味な発言だからである。

首尾一貫

この審美的な意味での論理的と先に述べた論理的との間に共通点を探すと一つある。それは共に「首尾一貫している」ということであろう。実際、ある話題についてきちんと区分けした段取りをつけてその段取りに沿って離れることがなく適確な言語化に努めれば、その話は首尾一貫して審美的論理性を備えているがそれは同時に論理法則に従った言い換えの連なりであるから先の意味での論理性をも備えることになる。

この審美的な意味での論理性を獲得するにはどうすればよいのか。論理学を勉強することでは駄目であることはもうお判りであろう。この審美的意味での論理性は論理法則に従うこととは別のことだからである。

この審美的論理性をもたらすには、主題の適確な把握と明確な言語化が必須であると私には思われる。まず主題をつかんで放さない。これは当然のことであるが簡単にできることではない。結婚式のスピーチや選挙演説を聞くならば、主題が浮んでは消え消えては浮び絶えず他の主題と入れ替る、そして忘れそうになった頃に思いもかけずに顔を出す、といった様子なのがわかるだろう。逆に予備校の先生の授業をテレビで見るとき、主題が一貫して保持され、手なれて熟練した視角から自由自在に観察されているのがわかる。主題の保持というのは易しい仕事ではなく、時としては繰返し練習することが必要なものなのである。訓練が必要なのは思考の言語化にとっても同様である。それは何も難しい話についてだけではない。例えば、タクシーの運転手に行き先の道順を教えるとか医師に自分の病状を訴えるとかという日常生活の中での状況であっても「思っていること」を言葉にするのはた易いことではない。そういう時にも、歌や俳句を作る時と同じ注意と感覚とで言葉を選び話の順序を工夫し段落を思案することが必要なのである。そしてそれには訓練と練習が欠かせないことは外国語の学習の場合と変りがない。この訓練が不足しているのに独り合点で言葉を使うと税務署その他のお役所の文書や出来の悪い製品説明書のように不親切な上に判じ難い日本文になる。この言語化の訓練の中心は、読んだり聞いたりする相手の身になって批判し検討する練習であろうと思う。

こうして苦労して初めて審美的意味での論理性が獲得される。それに対して始めに述べたように、論理学的な論理性は正しく言葉を使うならばその中で自働的に達成されるものなのである。

はやり言葉の論理

上述したように「論理的」という言葉に二通りの意味を区別したが、「論理」という言葉も最近多様に使われるようになっているので一言注意しておきたい。

例えば、米ソ関係で、「ソ連側の論理」、労使関係での「労組側の論理」、から始まって、「大人(おとな)の論理」、「女性の論理」、「社会党の論理」、更に「○○組の論理」や「被告側の論理」といった風に所きらわずに「論理」が使われている。

この「論理」が論理学の意味での論理でないことはそれを乱用するマスコミの記者達自身が百も承知していることである。

この「論理」は気軽に、言い分とか理くつの意味で使われている。そういう意味で使われる、というよりも、手軽な代用語として使われている。そのために「論理」が元々持っていた論理学的論理という重い意味が踏みしかれて見えなくなっているのである。

11
形式化とコンピュータ

形式性の必要

論理学には他の学問にはない特別な配慮が必要である。それは他の学問を論理的に構成するその論理そのものが対象だからである。まず一切が表向きでなければならない。何かの前提があればそれをあからさまに表に出すべきで暗黙の了解とか共通の常識だとして黙って伏せておいてはならない。すべてはガラスばりでなくてはいけないのである。しかしそれは政治や経済での道徳的徳義のような理由からではなく全く知的な理由からである。すべての前提や条件をすべて公開し枚挙することによってそれらを明確に確認して批判的検討の場を整えるためである。美術品を展示するため清掃して十分な照明を用意するのと同じ趣旨からである。この公開曝露に加えて「通常の意味」からできるだけ離れることが要請される。例を簡単な算術の式に取ろう。例えば2+3=5である。この式に登場する2と3と5という数と+という演算と=という述語、それらが持っている通常の意味、2は二つ、3は三つ、5は五つ、+は加える、=は等しいという普通の意味をここでは棚上げして使用しない。すると、2+3=5という式は、数字の2、+という記号、数字の3、=という記号、5という数字が一列にその順で左から右へ並んだ記号列ということになる。この「意味離れ」によって或る数学文化の中で習慣的に伝えられてきた意味から自由になってこの式を全く形式的に眺めることができる。それによって慣習的に前提されてきた各種の条件に知らぬうちに誤導されることなしに全く新しい眼でこの式をありのままの姿で見ることができる。

このような態度、すなわち徹底的な公開と意味離れとを合せて「形式化(formalize)」と呼ぶ。一言でいえば形式化とは、暗黙の了解や慣習的な意味理解をすべて洗い流して徹底的に表面的な所に留まることで、それによって厳密さを確保しようとすることである。

形式化と機械化

だから論理学や数学のように極大の厳密さが要請される領域では当然それらが形式化されることが要求される。ところがこの形式化ということが一つの副産物をもたらした。それは「機械化」ということである。形式化が要求する公開性と意味離れの両方が機械化にとっておあつらえむきだからである。暗黙の了解だとか意味の理解だとかは人間にして初めてあることで、機械にとっては全く無縁なことである。だがその機械に無縁なこと、機械には不可能なことを拒否するのが形式化なのだから、形式化は機械にとってうってつけなのである。

算盤

我々に親しい算盤は形式化された四則の演算を機械的に遂行する。例えば任意の桁数の二数の加算を形式化すれば、同位の桁の数字を足し、10以下ならそのまま、10以上ならばその上位の桁の数に1を増す、ということになる。ここでは頭の中での暗算とか、各数字の意味などはすべて度外視され、ただ数字の加算が機械的に順次行なわれるだけである（このような演算手順はアルゴリズム［algorithm］と呼ばれる）。算盤では珠の移動によってこの手順が文字通り機械的に行なわれる。

コンピュータ

コンピュータも算盤と同様にこの手順を機械的に行なう。ただ算盤の珠の移動に代えて半導体、継電器、真空管等のスイッチを使ってその機械的作動を電気的に行なう点が違うだけである。それによって算盤や人間の筆算とは較べようのない高速度が可能となる。

接続詞に対応するスイッチ回路

算術の演算での場合と同様に、形式化された論理学の演算を機械的に行なうことができる。簡単のために命題論理学（5章）の場合をとってみよう。命題論理の基本となる三つの接続詞、∧、∨、「にはそれぞれに対応するスイッチ回路が考えられる。

∧のスイッチ

∧の場合をとると、この接続詞の働きはその真理値表によって完全に規定される。だから真理値表こそ∧の機能を形式的に表現したものであって、その語源である「且」(and)の意味などは一切度外視してよい。それに対応する回路としては、真理値表の真偽(TとF)に回路の入と切(on, off)を対応させた場合に∧の真理値表で指定される作動をする回路を構成すればよい。例えば図1のようなものである。

このA―Bの回路をまた一つのスイッチと見ると、スイッチpとqとの入(オン)、切(オフ)、に応じてpとqが共に入(オン)の時にのみ入(オン)、共に切(オフ)かどちらか一つが切(オフ)の時は切(オフ)になる。これは、$p \wedge q$が∧の真理値表でp、qが共に真の時にのみ真、共に偽かどちらか一つが偽の時は偽になることに対応する。

∨のスイッチ

同様にして$p \vee q$, $\neg p$, に対応するスイッチ回路は図2、図3のようになる。

$p \vee q$に対応するA—B回路はp、qのどちらかが入(オン)であれば入(オン)、その二つとも切(オフ)のときだけに切(オフ)になる。

¬のスイッチ

否定$\neg p$に対応する回路は上の二つと多少異なったスイッチの形をしている。ここではスイッチの切点は左方に一つ(a)、右方に二つ(bとc)あって、aとcとがつながればaとbとは切れ、aとbとがつながればaとcとが切れるようになっている。こうすれば、A—C回路をpと考えたとき、A—B回路はpが入切(オンオフ)になるのに対してその反対に切入(オフオン)になることになって$\neg p$の真理値表(pの真偽に対してその反対の偽真となる)に対応することになる。

ここであげた∧、∨、¬の三つの接続詞に対応するスイッチ回路はあくまで一例

図 1

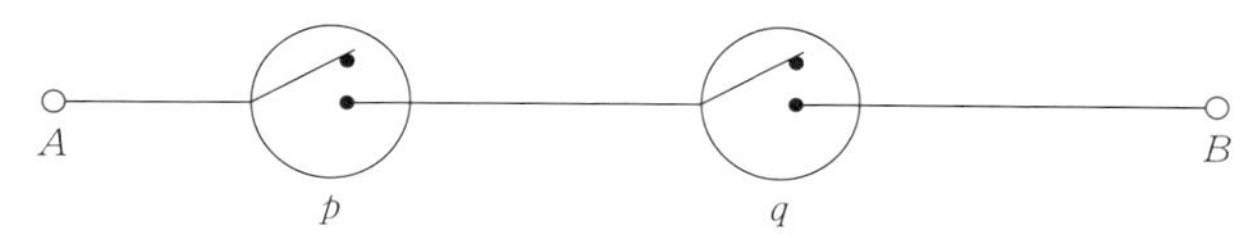

図 2

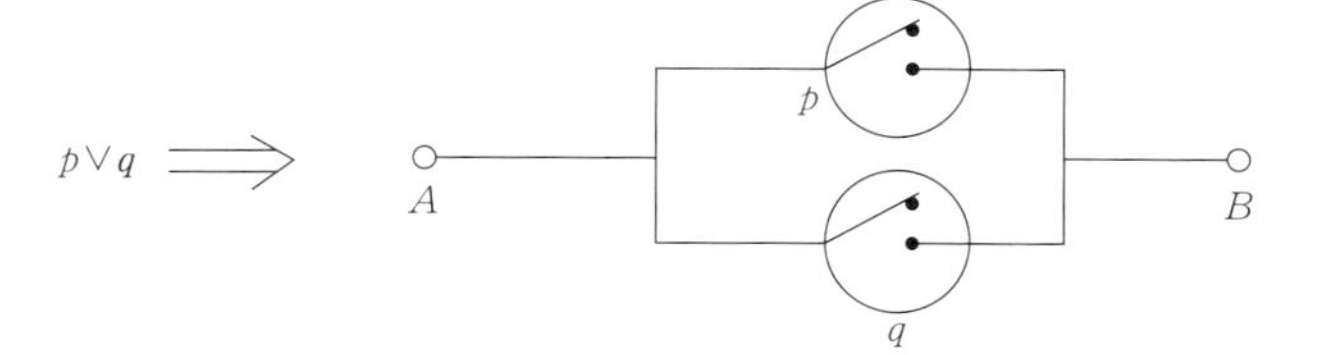

図 3

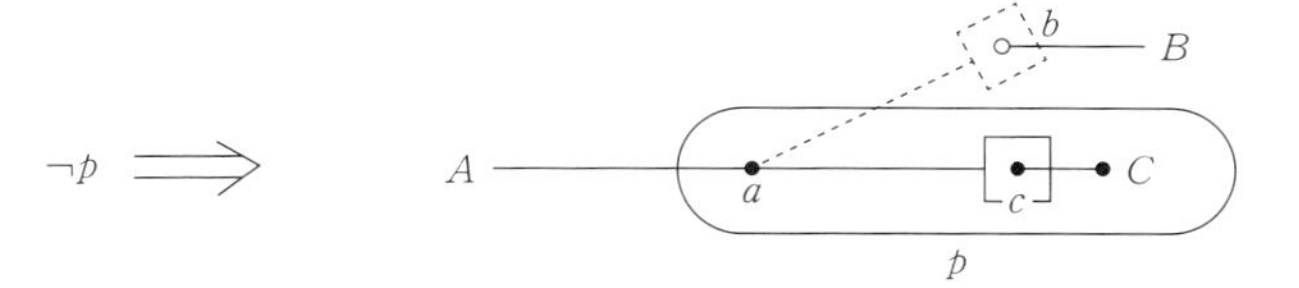

にすぎないことに留意してほしい。他にいくらでもこれらと違ったスイッチを設計できるだろうし、またこのような機械式スイッチではないものを考えることもできるだろう。要は、接続詞の真理値表に平行的に作動する装置でありさえすればよいのである。実際にコンピュータは最初は継電器や真空管を使っていたが現在ではすべてトランジスタを使った回路になっている。

機械的解法

だが現在市販されているコンピュータの大部分は数値演算用のもので論理学用のものではない。だからそれらに論理演算をさせるためには論理演算を数値演算に表現しかえる必要がある。しかし、上にあげたような命題論理の接続詞に対応する回路を持っているコンピュータを製作することはできるしさして難しくもないだろう(実際、コンピュータはどれも論理回路を内蔵している)。そしてもしそのようなコンピュータが製作されたならば、そのコンピュータは論理学の演算を人間わざでは及びもつかない高速度で遂行するだろう。

しかしこのことは命題論理学が「機械的」なものである、ということを全然意味しない。ただ、命題論理学の中の或る問題は機械的な解法をもっている、というだけのことであって、命題論理学の全体が機械的だということではないのである。その機械的解法がある問題とはすなわち、一つの論理式（p、qのような要素命題記号を接続詞で接続したものでいくらでも複雑な構成になる）が論理法則であるか否か、つまり恒真式であるか否か、という問題である。これは要素命題に真、偽の値を与えて接続詞の真理値表を見ながらその論理式の小さな構成部分の真理値を定め、今度はその部分を含むより大きな構成部分の真理値を定める。こうして段々大きな部分に進んで最後にその論理式全体の真理値を定める（その一例を5章、七〇頁に示した）。次には最初の要素命題に異なる真理値を配当して同じ手順を踏む。そうして要素命題にどんな真理値の配当を与えてもその論理式の真理値が真になるならば、その論理式は恒真式であり、一つでもその真理値が偽になるような要素命題の真理値の配当方式があれば恒真式ではない。この恒真式であるか否かの決め方が機械的であることは一目瞭然であろう。しかもこの決め方は有限回のステップで終るものであってきりなく無限に続くような手順ではない（例えば円周率πの小数展開

3.1415……の中に123という続き数字が出現するか否かを小数展開を続けることで決めようとするとこの作業は無限に続いて終ることがない)。

決定可能性

このように或る問題の答を与える仕方が全く機械的でしかもそのステップが有限である場合、その答を与える仕方を「決定手続き(decision procedure)」と呼ぶ。そしてそういう決定手続きを持っている問題を「決定可能な」問題という。どんな問題でも、もしそれに決定手続きを与えることができたならば、その問題は最上の仕方で「解決した」といっていいだろう。それはただ「こんな風にやれば判る」とか「大体こんな仕方でやっていけばいつかは判る」といったような曖昧な答とは違って文句なしに明確な決め方を与えているからである。いわば手形や口約束と違ってきっぱりした現金払いの解答だからである。犯罪の犯人決定とか患者の病名決定には残念ながらこのような決定手続きはなく、犯人や病名決定の問題は「決定可能」ではない。しかし数学や論理学の領域では「決定可能」である問題が存在する。

論理式が恒真式か否かもそういう決定可能な問題の一つであるが、それは命題論理学の範囲でのことにとどまって述語論理になればもうこの問題には決定手続きが存在しない。このような事情からして恒真式か否かの問題に決定手続きがあり、従って機械化が可能であるといっても、それで命題論理の全体が機械的であるということになるわけではない。

12 人間・脳・コンピュータ

言い廻しの危険

言葉使いというものは単なる口癖であるに止まらず我々の考え方に大きな影響を与える場合が少なくない。政府が弱腰だ、横暴だ、けしからん、などと言っているうちに、政府が人格化されてきて何か巨大な人間のように感じられてくる。時間がある、ない、時間の配分、などと言い馴れているうちにいつしか時間という「もの」があるような気になってしまう。それらと同様に、近頃流行になった、コンピュータが考える、計算する、記憶する、といった言い廻しがコンピュータの人格化に誘う危険がある。その一方で今度は脳についての同様な言い廻しが脳の人格化を招きつつある。そして本当の人間そのものの影が薄くなってしまうのではないかという危惧すらでてきている。そこで一旦踏みとどまってコンピュータと脳についての言葉使いを反省してみることにしよう。

§1　コンピュータ

コンピュータが例えば複雑な計算をする、それも人間の到底及ばぬ速さと正確さでやることは珍しくもない事実である。それに疑いをかけようというのではない。しかし私が問題だと思うのは、コンピュータが計算するという時の「計算する」という言葉の意味なのである。

コンピュータは「計算する」

例えば、コンピュータに一〇〇桁をこえる二つの数の掛算をやらせると立ち所に正確な答を打ち出すだろう。簡単に言えば、計算問題をインプットすればその正しい答をアウトプットするのである。そしてこのように、計算問題を与えると正しく解答する、ということをコンピュータは「計算する」と言っているのである。もちろんこの言い方は当然な言い方である。コンピュータが打ち出す答は生身の人間が出す正答と何の区別もない。手すきの紙と機械すきの紙の間には歴然とした違いがある。本当の手打ちそばと工場製のそばの間には明らかに味の違いがあるだろう。しかし、計算問題で人間が計算した答とコンピュータが打ち出した答との間には全く何の違いもないのだから、人間が計算する、と言うのなら当然「コンピュータが計算する」といっていいわけである。

しかし、このようにコンピュータについては容易に「計算する」と言われるのに、算盤についてはそう言いにくいのはなぜだろうか。それは算盤はコンピュータ程には「自働的」でないことによると思われる。進歩したコンピュータは計算の問題を光学的、または音響的に「読み取る」だろうが算盤は人間が指で珠を動かさねばならない。また計算結果もコンピュータは自働的にプリントするのに対して算盤は人間が「読み取る」必要がある。こうして、コンピュータがいわば全自働計算機械であるのに対して算盤は高々の所半自働装置なのである。そのため、コンピュータは人間と肩を並べて「計算する」といえるのに、算盤は単に人間の計算の補助道具であってそれ自体が独立に「計算する」などとは到底いえない、こうわれわれは感じているのである。だから、算盤の入力部分をできるだけ自働化し、出力部分も自働的表示にした卓上計算機に対しては、われわれは「計算する」ということに抵抗を感じないのである。

このようにしてコンピュータが「計算する」という言い方を許す方式を「機能的同類化」と呼んでおこう。それは「計算する」という機能からみて、またその機能に限ってみるならば、コンピュータを人間と同類にあつかってかまわない、ということだからである。

機能的同類化

この機能的同類化の核心は、同類化はただ機能の観点だけからであって機能以外の点での同類化を一切拒否する、ということである。問題提示──→解答表示という作業遂行ということだけで同類化が許されるのであって、それ以外のいかなる同類性も意味しないのである。人間が鉛筆をなめなめ頭をひねって足し算や掛け算をするときの「経験」に類したことはコンピュータには一切皆無であることはいうまでもない。コンピュータには「経験」などがあるはずもない。あるのはただおびただしいLSIを含んでいる電気回路の作動だけである。このことに気がつかず、あるいは忘却して、コンピュータが人間の経験に何程か類似した経験をもっているという意味で「コンピュータが計算する」と言うとすればそれは明白な誤りである。この誤りを意識的に犯す人はいないだろう。しかし、コンピュータが「計算する」「記憶する」「判断する」といったことを無頓着に口にのぼせ、やがて習慣的に口がすべるようになると、無意識のうちにこの誤りに誘い込まれる危険がなきにしもあらずなのである。この危険率は次に述べる脳についての言い廻しが加わることで一層増大する。

§2 脳

「脳が……する」

例えば私が何か計算をしているとき、私の脳は忙しく動いていることは疑いない。

この脳の動きが何かの原因で止ったなら私の計算も停止するだろう。アルコールその他の薬物で脳の動きが妨害されると私の計算はうまくいかないだろう。この脳の動きが具体的にはどんな動きなのかは現在なお正確に言えないにせよ、人間の知的活動には脳の動きが伴い、脳の動きが不可欠であることは現代の常識であろう。そしてこの状況から一つの誤解が生れてくる。私が計算をするとき、計算するのは如何にも私であるがそれは表面のことであって実は私の脳が計算するのだ、という誤解である。この誤解が育ってゆくと、やがて、右脳が言語を理解する、左脳が空間認識をする、側頭葉が記憶する、といったたわごとを口走るまでになりかねない。それを防ぐために事の始めに戻って事態を観察してみよう。

脳過程

私であれ、誰であれ、「何某が計算する」という命題の意味は大脳生理学などが全くなかった時代から、脳などに何の関わりもない所できめられてきた。それは別に難しいことではなく、誰もが承知の数の計算を何某がする、という単純素朴な意味である。この単純公定の意味には何の不審な点もない。この日常的用法での「計算する（判断する、記憶する、等々）」の意味では「脳が計算する」などという言い方はいうまでもなくナンセンスである。それは、数学が食べるとか、子午線が悲しんでいるというような無意味な命題である。それにも拘らず生理学者がその種の言い方を時々したり、またそれを受けてマスコミの記者が乱用するのにも理由がある。

日常的意味で私が「計算する」時に何が起っているか生理学的に観るならば、その中核となるのは私の脳に生じている過程であろうことには間違いない。この脳で生じている過程の精細は現在もなお不明であるだろうがそれを「脳過程（計算）」と表わすことにしておこう。同様に、「脳過程（判断）」とか「脳過程（記憶）」とかが考えられることはいうまでもない。

すると、「私が計算する」という命題が表現している事態を生理学的に表現するならば「（私の）脳に脳過程（計算）が生じている」ということになる。言い換えると、

日常的には「私が計算する」ということはとりもなおさず即ち、「脳に脳過程（計

算）が生じている」ということなのである。そしてこのことは生理学的研究が発見したことであるのは、「物が燃える」ということは即ち「それが酸素と化合する」ということだと化学の研究が発見したのと同様である。したがって、燃焼とは実は酸化に他ならないといわれるのと同様に、私が計算するとは実は脳過程（計算）が起きることに他ならないと考えられるのである。つまり、学問的研究によって得られた新知識に基づいた新しい表現で古い常識的表現を置き換えたのだ、と感じられるのである。だがたとえそうだとしても古い常識的表現を御用済みにして使い捨てにする必要はあるまい。むしろこの常識的表現と科学的表現を同一事態の二通りの異形表現だとみるべきではなかろうか。それぞれの表現にはそれに適切な状況があってその状況では他方の表現は場違いになるのである。例えば幼稚園やスーパーで科学的表現を使えば物笑いの種になる。「昨晩お向いのお宅が酸化しましてね」とか「ちゃんと脳過程（計算）を起こすんですよ」とか。

このような日常的表現と科学的表現との関係を一般に「重ね描き（かさねえがき）(1)」の関係と呼ぶことにする。例えば私が計算をするという一つの事態を一方は日常的な観察態度で日常的言葉を使って表現し、今一方は科学的観察態度で科学的用語を使って表現する。そしてこの二つの表現は共に同一の事態の描写として時間空間的に重なるものだからである。「奥歯が痛い」という日常表現には、奥歯の細菌による化膿、そこからの痛覚神経のパルス伝達、そこから二・三のシナプス（神経接合部）を経ての大脳皮質神経細胞の興奮、といった科学描写が、奥歯の場所を始めとして空間的に、また痛みの始まりや強弱の時刻などの時間に重ねてなされる。何かを判断する、何かを憶い出す、といった日常描写にも同様に時間空間的に重ねて脳の中の生理学的描写がなされる。

キメラ命題

しかし注意すべきは、この「重ね描き」の関係にあるのは日常描写と科学描写という二つの命題であって、その命題の中の個々の単語ではないということである。

ましてや、重ね描き関係にある二つの命題の一方の主語に他方の命題の述語を付けるなどということは決して許されることではない。もしそんなことをすれば全く意味不明なキメラ命題になってしまう（キメラとは二つの動物を接合した化物的生物である）。

ところが、「脳が計算する」という命題はまさにそういったキメラ命題に他ならない。

それは、「私が計算する」という日常表現の述語を、それに重ね描かれる「脳に脳過程（計算）が起きる」という科学命題の主語に付けた命題だからである。

キメラ命題は無意味

このキメラ命題は誤っているのではない。或る命題が誤りであることができるのにはその命題はその前に意味をもっていなければならない。だがこのキメラ命題には何の意味もないのである。それは意味をなさない。だから正しいとか誤りだというこどもできないのである。

このナンセンスなキメラ命題が一見意味ありげに見えるのは前節で述べた「コンピュータが計算する」という命題との表面的な類似のためであろう。一〇年程以前までは脳がお手本でコンピュータはその模造品であるように思われていた。ところが今はどちらかというとコンピュータがお手本で脳の方がその模造であるかの如くにいわれることが多い。いずれにせよ、脳とコンピュータはひどく似ているものだというのが通り相場である。だから、「コンピュータが計算する」といっていいならば当然「脳が計算する」といって少しもおかしくはない、こう考える人もあるだろう。

脳には機能的同類化は及ばない

前節で述べたように、「コンピュータが計算する」というのは「何某が計算する」ことの機能的同類化によってである。しかし、この機能的同類化が脳にまで及ぶとはどこにも言っていない。実際、更めて考えてみれば判るように、この機能的同類化は脳には及ばないのである。私が計算する時、私の脳は計算など少しもしていない。脳に脳過程（計算）が起きているだけである。その脳過程とは膨大な数の神経細胞の集りの中で起る電気的化学的現象でしかない。それは「計算する」などとは全く別のことであって、計算と些かでも似た所がない現象である。それは痛覚神経の興奮が「痛み」と何ら似た所がなく痛くもかゆくもない現象であるのと同様である。それゆえ、機能的同類化によって「コンピュータが計算する」とは言えるにしても「脳が計算する」とは言えないのである。

やはりこの命題はナンセンスなキメラ命題なのである。ではどう言えばよいのかというのならば、「脳に脳過程（計算）が起きる」といえばよいのである。それを「何某が計算する」という日常描写に重ねて言うことは許されるし、また正しい言い方なのである。(2)

13 言語と世界

言語表現という誤解

本講で述べてきた思考と論理とのかかわりの中心は言語であった。思考と論理はそのそれぞれが言語とかかわることによってお互いの間のかかわりがでてくるのである。一方、思考と論理の双方がこの実在世界とどのようにかかわるかということもまた、その各々が言語とかかわる仕方を通じて生じてくる。そこで言語と実在世界とのかかわりが基底となるのは当然のことだろう。

言語と世界とのかかわり方を観察する上でいつも邪魔になる先入主がある。それは、3章でも触れたが、言語によって世界を表現する、という全く通り一ぺんの言語観である。

この観方は全くの誤りというわけではない。しかしそれは度の合わない眼鏡のようにその焦点以上の深さにある状況を見えなくさせてしまうのである。この観方に立つと、世界は言語の外に厳然と構えていて言語はそのありさまを正確になぞって写し取るだけだ、ということになる。そして言語が写し取ったものはスナップショットのように、ただ似ているか似てないかだけが問題だ、ということになる。しかし言語の働きはそのような平面的な写像ではなく、遥かに深く世界のあり方に参与していて、極端にいえば世界のありさまを制作しているとさえ言える程ではないか、と私には思えるのである。

事物の輪郭

街中を歩いているとき、家の塀、電柱、庭木、郵便箱、といった様々の事物が見えている。そのような様々な事物はそれぞれの輪郭でその周囲から区切られて見えている。だがどうしてそのような区切りで区画されて見えるのだろうか。別な区切り、例えば電柱の中程の水平の区切り、あるいは郵便箱をその背景である黒塗りの塀の一部と一緒にまとめた区画だって可能であろう。その他無数の区切り方でその街頭風景が見えてもいいはずである。それなのにその風景は見慣れた事物に分節して見えるのはどうしてだろうか。それは習慣のためだ、と答えられるかもしれない。しかし、ではそれならその習慣がどうしてできたのだろうか。他の可能な区切りで見える習慣が生じることも可能だったのではなかろうか。ここで、それは言語に起因する、というより他はないように私には思える。

「家」の固定

一つの家を「家」と呼ぶことは何はともあれそれを一つの家としてまとまった事物として見ることだろう。つまり、或るまとまった輪郭線で周囲の背景から区切られた一つの事物として見ることである。その輪郭は絶対に変更不可能というわけではないが、かなり強固に固定されていてた易く変更されない。特にそれを縦や横に二つに割るような大巾な変更は不可能だといって差支えないだろう。

こうして「家」と呼ばれる事物が固定される。そして「誰それの家」、「家を建てる」、「家が焼ける」、「家に入る」、「三軒の家」、「家並」、といった無数の言語表現の中に参入することで、いわば言語的にガンジガラメにされ、それによって「家」という事物は益々強く固定される。それによって、街頭で見る家はもはや「家」としか見えず、「家」以外に見られることは稀な例外的状況以外ではなくなるのである。この「家」という言語的呪縛から逃れられるのは、無心な幼児や、日本が初めての外国人とか、ただ色彩だけに注意する画家などであって、普通の成人には不可能のことである。

そしてもちろんそれは今例にとった「家」ばかりではない。街頭に見られる様々な事物や、またその事物のありさまの隅々にまでこの言語的支配が及んでいる。「大きな門構え」、「赤いポストが突っ立っている」、「電柱の影が長く伸びている」、「塀の上で庭木が揺れている」、こういう風景はまさに言語が制作したものなのである。言語以前にこのような風景があり、それをこのように言語で表現したというのではない。

言葉に生活が籠る

もちろん例えば「ポスト」という言葉が日本語に導入された以前にポストという事物が製作され街中に設置された。しかしそれ以来ポストが通信の主要な要素の一つとして私達の生活の重要な風物になるのに伴って「ポスト」という言葉は私達が頻繁に使う親しいものになった。それは人間の生活の一部が籠った言葉として私達の口と頭に定着している。このとき向うにポストがあるのが見えるならばそれは「ポスト」として見える以外にはない。その風景はわれわれ現代日本人にだけ見える風景であり、その同じ風景を江戸時代の人、ましてや縄文日本人が見るとすれば全く異なって見えるだろう。要するに、「ポスト」に籠められた様々な「思い」を抜きにしてはポストはもはやポストとしては見えないのである。そして「ポスト」という言葉が無ければ、その様々な思いが籠る場所がないのである。

このことはポストのような事物ではなく人間の動作や姿の場合にはもっとはっきりとする。向うから人が「歩いてくる」、ベンチに人が「腰かけて」、「空を眺めている」。こういうとき、「歩いてくる」とか「眺める」とかという言葉が無いとしたなら風景は全く別様に見えるだろう。それがどのように見えるのか私達には想像ができない。その想像を語る言葉を持たないからである。「歩いてくる」という言葉がないとき、向うから歩いてくる人の姿は一体どのように把握すればいいのか。その言葉を持っているわれわれにはその姿は「歩いてくる」姿である以外のものではありえない。だからその姿はその言葉によってそう見えるのであり、それゆえにその姿はその言葉が制作すると言えるのである。こちらに向ってくる人の姿は「歩いてくる」という言葉の鋳型にはめられて歩いてくる人間の姿に造形されるのである。レスリングや難しい体操やフィギュアスケートの中で見える人間の異常な姿勢にはすらりとはまる言葉の鋳型がないために屢々不安定で一過的な姿にしか見えない。確実に固定されて安定した人の姿は紙凧のように言葉の支柱でつっ張られて始めて存在するのである。

カントの図式論も同様

以上で述べてきたような考え、事物のあり方や人間の動作は言葉によって制作されたものであるという考えは私独りのものではない。既にカント（I. Kant, 1724-1804）の認識論の中にこの考えが埋めこまれていたといえる。ただカントはあからさまに「言語」を主題とはしないで、「悟性」の「概念」にその役割を与えていたためにこの点が見逃されやすかったのである。カント認識論の根底の枠組は、客観的事物対象と客観世界は時間・空間という直観形式と悟性概念によって構成されたものであるという、カント自身がコペルニクスに比べた逆転的思想[1]にある。カントの述べ方は複雑な用語で難解であるが、その「図式論」[2]が私の論点に比較的に近い。彼は概念が経験に適用される時の型を「図式（Schema）」と呼ぶ。すなわち「経験的概念は、常に構想力の図式に、即ち我々の直観を或る一般概念に従って規定する規則としての図式に直接に関係するのである[3]」。例えば「犬という概念は、一つの規則——換言すれば、私の構想力がそれに従って或る四足獣の形態を一般的に描き得るような規則を意味するものであって、経験が私に示すような或る特殊な個々の形態や……具体的に表象し得るような形像だけに限られるのではない[3]」。つまり、犬という概念の図式はあの犬この犬といった個々の犬のイメージ（形像）ではなくて一般に犬なるものを描きあげる規則を図式と呼ぶのである。個々の犬の「形像はこの図式によって、またこの図式に従って初めて可能になる」のである。ということは、例えば道に寝そべっている犬を見るとき、それが「犬」の姿（形像）であると認識するのは犬という概念の図式によって可能となる、ということである。その犬の視覚像は様々な色の面が集ったものであろう。カントはそれを「直観に与えられた多様」という。このてんでんばらばらな色模様を一匹の犬の姿にまとめあげる（カントは結合とか綜合統一という）のが犬という概念の図式である。それがなければ単に多様な色模様しか見えないだろう。それを一匹の犬という客観的対象に仕上げるのは犬という概念でありその図式なのである。ここで犬という概念はまさに「犬」という言葉に他ならない。それゆえ、犬という言葉が客観的対象としての一匹の犬を制作するのだ、と言い換えることができるだろう。

時間順序

上のカントの認識論の説明では触れなかったがその中核となるのが「時間」である。そこでこれまでにポストや家や人間といった事物、それから人間の動作を例にとったが、ここで「時間」をとりあげて、そこでの言葉の働きがやはり事物や動作の場合と同じであるかどうかを観察してみよう。

時間順序の制作

或るビルの中のオフィスに友人を訪問するとする。エレベーターで六階に上りドアをあけ受付けに行き……そうして後友人に会う。この叙述は一連の行動を時間的順序で述べたものである。いうまでもなく頭に近い方が尻のものより「より以前」で尻に近い方が「より以後」である。一つ一つを省略しないで書けば、「そしてその後」とか「その前に」とかという言葉をはさむことになるだろう。いずれにせよ、これらの時間順序の概念、または言葉がなければ友人訪問の経験は全く違ったものになるだろう。一連の行動の一つ一つはてんでんばらばらであろうし、友人訪問の一連の行動として「綜合統一」されることはないだろう。二つの事件や行動の時間的順序関係は色や形の様にその事件や行動の中に見えているわけではないし音の様に聞えているのでもない。それはまさに時間順序の概念または言葉によってこの世界に投げ入れられたのである。従ってここでは言葉や概念による「制作」ということが事物や動作の場合よりも自然に受け入れられるだろう。

以上のことを要約してみる：

要約

我々の住む世界は言語以前に存在し、言語はこの世界の様々を表現する記号系である、という通念を改めなければならない。世界は言語と独立に存在するものではない。世界の事物や状態がかくかくであることは言語によってそうなるのである。

もちろん言語が世界を無から創造産出したなどというのは荒唐無稽である。しかし、言語が世界のあり様を制作するのだ、とまでは言ってよいのではあるまいか。

そして言語は人間の生活の中で造られ、人間の文化の中で伝えられる。その言語が世界のあり様を制作する、というのは、この無機的な世界に人間的意味を与えることである。

人間的意味を世界に与える

その人間的意味を剝ぎとった世界を自然科学が描写する。宇宙の始まりの大爆発(ビッグバン)。星の形成と進化。一つの惑星の上での生命の発生とその進化。人間という物体の中での分子の動きや流れ。脳神経回路の中のパルス。この世界には当然ながら人間的意味が欠如している。すべては素粒子の離合集散であって我々にとって何の意味もない。それは当然である。この世界は人間とは何のかかわりもなしに生成したものであり、人間は単にこの世界の一小部分に他ならないからである。しかし我々人間はこのもともとは無意味な世界の中で生き、そして暮している。その生活の中で人間は様々の人間的意味を創りあげてそれを世界に与えてきたのである。そして、無意味な世界に人間的意味を与えること、それが言語の働きなのである。言語が世界のあり様を制作する、とこれまで言ってきたのもそのことなのである。

14 論理と世界

世界の法則としての論理

論理法則とは言語の意味規則から導かれるものである、というのがこれまで述べてきた言語規則説の見解である。しかし、そうではない、論理法則は世界そのものに適用される最も広範囲で基本的な法則なのだ、という考えが昔からあったし今もなお多くの人がそう考えているように思われる。確かにこういう考えに誘う原因が幾つかある。私が論理学を全域論理学と呼んだ（5章）ように、論理法則はこの世界のあらゆる領域に成り立っている。それゆえ、経済学の法則や物理学の法則のように成立範囲に限界があることはなく、そこから森羅万象すべてに当てはまる法則のように思われるのである。

しかし、それは誤りである。この世界で事実的、経験的に成り立つ法則はその適用範囲の広い狭いにかかわりなく、論理法則の特性である必然性（8章）を持つことができないし、そういう必然性をもった経験法則は現に一つもない。どんな経験法則でもそれが成りたたない場合を考えうるのである。朝太陽は東に上る、という法則でも地球の自転方向が逆になれば成り立たない。生物はすべて死ぬ、というが老化を一切しない細胞はありうるだろう、そのような細胞は絶対ありえない、と言える人はいないのである。結局、どんな事実法則に対しても、その法則に従わないような事実がありうるのである。少なくとも、その法則に反した事実を考えることができる。ところが、論理学と数学の法則にはそれに反した事実を考えることができない。例えば、明日のお天気が「雨であるか又は雨でない」ということが言えないような天気であることを考えることができようか。どんな異常な気候を考えても、それは雨であるかさもなければ雨ではない。なぜならこの排中律という論理法則は気象学者が発見するような経験法則ではなく、「雨である」の反対は「雨ではない」

ということと同じである、という言語規則だからである。経験法則はこの世界について述べた法則であるがゆえに、この世界のあり方次第では成り立ったり成り立たなかったりする。しかし言語規則説が示してきた様に、論理法則は言語規則、またはそれから導出されたものであって、事実について何かを述べるものではない。だから事実がどうであるかにかかわらず、つまり事実世界がどうあるか、世界に何が起るかにかかわらずに成り立つのであり、このこと、すなわち「事実がどうあるかにかかわらずに成り立つ」ということが「必然性」なのである。それは、何が何であっても成り立つ、ということだからである。

論理は言語を通して世界に成り立つ

こうして、論理法則はこの世界についての法則ではない。だがそれにもかかわらず論理法則はこの世界に成り立っている。これはおかしいと思う人も少なくないだろう。しかし、この一見おかしい、矛盾ではないか、と思えることも言語規則説は無理なく説明するのである。われわれは世界について言語を使って述べる。ところが、論理法則はその言語の規則から導出されたものである。したがって、論理法則は、世界について述べるその言語について成り立っていることは当然だろう。だから、世界について述べた言語に対して論理法則が成り立っている。だがこのことはとりも直さずに、論理法則が世界に対して成り立つことに他ならない。この事情を具体的な例をとってみてみよう。例としては前章で触れた時間順序の言葉をとろう。「以前」、「以後」という時間順序の言葉の意味について次の二つの規則があることは明らかだろう。すなわち、

(1) AがBの以前ならば、BはAの以後である。
(2) AがBの以前、BがCの以前ならば、AはCの以前である(この規則は「移動律」と呼ばれて「より大きい」、「より高い」等の比較級について一般に成り立つ規則である)。

時間順序

さてこの世界の出来事の間の時間順序を述べるのに「以前」、「以後」を使うとし

よう。すると、そうして使われた「以前」「以後」という言葉には当然(1)と(2)の規則が成り立っている。すると、そこで述べられた世界の出来事自身の間に(1)と(2)の規則が成り立っていることになる。つまり、言語規則はその規則に従った言葉で述べられた世界の事象にも成り立つのである。この例では言語規則そのものの場合であるが、論理法則の場合にはそれが導出される言語規則を通して同じことがいえることは明らかであろう。言語規則説はこのように、論理法則が世界に対して成り立つ理由を言語を媒介にして説明する。この説明のパターンは絵画の場合にその原型を見ることができる。つまり、絵具の間に成り立つ法則(例えば、白と混ぜると彩度が落ちる)はその絵具で描かれた事物(壁色等)の間にも成り立つ。そしてこのパターンはまたカント認識論の基本的パターンでもある。経験は空間と時間という直観形式の下でのみあるのだから例えば空間について成り立つ幾何学は経験の中でも成り立つのである。また、例えば原因と結果という概念(純粋悟性概念)の下で様々な変化を把握するのだから、原因‐結果の概念について成り立つこと、例えば「すべての変化は原因をもつ」ということは我々の世界の中の現象について成り立つのである。

更にカントは論理的命題についても言語規則説に近い見解を持っていたといえる。カントはアプリオリ、つまり、経験に先立って成り立つ判断を分析判断と綜合判断の二種類に分けた。主語－述語判断において、「述語Bが主語Aの概念のうちにすでに（隠れて）含まれているものとして主語Aに属するもの」が分析判断で、「述語によって主語の概念に何ものをも付け加えない、ただ主語概念を分析していくつかの部分的概念に分解するだけ」(1)のものである。カントは代表的事例として「物体はすべて延長をもつ」という命題をあげて、「物体はすべて重さをもつ」という綜合判断と対照している。カントのこの分析判断の考えは、主語－述語形式という限られた範囲の中ではあるが言語規則説を表明しているといえよう。述語Bが主語Aに「すでに隠れて含まれている」とはとりもなおさず、Aという言葉、例えば「物体」という言葉の意味がB、延長という言葉の意味を含んでいることだからである。もちろんカントはこの分析判断の考えを形式論理学の全体に押し拡げることはしなかった。そのためには主語‐述語という限られた形から出て主語が二つ以上ある関係命題を視野に持たねばならなかっただろう。記号論理学を知らず、伝統的な古典的論理学の時代にあったカントは例えば彼の有名な事例である「5+7=12」という判断が同じく分析的であることに気付くことができずにそれを綜合判断としたのである。[2] 5+7=12のような算術の命題も或る公理系から形式論理的に導出できることが示されたのはカントよりもずっと後の時代であった。こういった公理系の知識が普及した現在において初めて論理学の言語規則説をその一般性をもって言うことができるものと思う。

今一つの観点

この言語規則説を認めるならば、論理法則はあくまで言語の意味規則に由来するものであって世界の法則ではない。ただ、言語に成り立つ法則であるが故に、その言語で言表された限りの世界について第二次的に成り立つものである。しかし、論理と世界とはこのようなただ間接的な関係しか持っていないと思うのは間違いである。言語による言表ということを通して関係する、ということはその関係が外面的な疎遠なものだということを決して意味しない。このことを命題論理学の場合をとって観察してみよう。

命題論理の接続機能

命題論理学について述べた所（5章）から明らかなように、命題論理学とは実は接続詞の論理学であると言える。「且（and）」、「又は（or）」、「でない（not）」、等を語源とする連言、選言、否定、等の接続詞に与えた意味規則（真理値表）から導かれる論理学だからである。ここで接続詞というのは文法の上からは単に品詞の一種に過ぎない。しかしその接続詞の持つ機能は7章でも触れたように、単純なものではない。例えば一つの野球のチームの動きを描写するとする。我々がその場合に自然にとる方式はそのチーム九人の一人一人の動きを描写してそれらを合わせることである。その「合わせる」ときに接続詞である連言詞が使われる。このように接続詞は、何かの対象をその部分や構成要素に分割して描写する場合に、その各部分描写を接続するために必須の言葉なのである。選言詞の場合は、例えば「外野にエラーが出た」という描写を分割して、「センターがエラーをした」かまたは、「ライトがエラーをした」かまたは「レフトがエラーをした」、というように接続する場合にその働きが見られる。否定詞は言うまでもなく、或る状態とその状態の欠如とを接続するためのものである。

古典物理と量子論

このように接続詞の機能が必要となり、また接続詞が有効に機能するのは、我々が住むこの世界が分割描写を許すような世界であることに基づいている。事実、古典物理学の基本的描写法は原子論描写と場描写（電磁場、その他）という分割描写である。或る対象をそれを構成する要素、（例えば原子や分子、太陽系ならば各惑星）の描写を接続して描写するし、磁場ならば空間の各位置における磁気ベクトルの描写を接続する。だからこそ古典物理学には命題論理学が有効に機能するのである。ところが量子論物理学においては事情が全く違ってくる（このことも7章で一部述べた)。量子論での基本的描写である「状態関数」は分割を許さない(第7章註(1))。つまり、例えば二つの電子から成る系の状態関数をそれぞれの電子の状態関数を接続詞で接続したものとすることができないのである。このことから、命題論理学は量子論では有効に機能することができず、量子論理学という特殊な論理学が考案されているのである。

弁証法論理

これと似た事情がいわゆる弁証法論理にも見られる。弁証法の擁護者は、変化や運動の描写では形式論理的な矛盾を犯さざるをえないことを主張する。例えば、或る一時刻での運動体は或る一つの位置に在り、且その位置にない、と言わねばならぬからである。それらの人達は、だから形式論理学は誤りで弁証法が正しいのだ、と主張する。しかし、この主張は正しくない。変化や運動に対しては形式論理は有効でなく弁証法が有効である、とのみ主張すべきであろう。それに対して形式論理の側は、ニュートン以来の微積分学による運動描写を持ちだしてその有効性を主張するだろう。

有効性の観点

ここではこの論争に立入ることはしない。ただ、論理学と世界との関係において、論理学の有効性という観点がある、ということを指摘しておきたい。そして次のように結論できる。

結論

言語規則説は形式論理学が言語の意味規則から導かれるものであることを立証してきた。しかし、このことは論理学と世界の間には何ら直接的な関係がない、ということではない。論理学は世界の法則ではない。しかし、その論理学の有効性という点で形式論理はこの世界の基本的性格を反映しているのである。

註

1 概説的序論

（1） 記号論理学の教科書はおびただしい数にのぼる。その中から以下に入門的なものを主として数種をあげる。もちろんここにあげたもの以外にも優れた本があることは当然である。

井関清志『記号論理学（命題論理）』槙書店、一九六八

E. J. Lemmon, 竹尾・浅野訳『論理学初歩』世界思想社、一九七三

前原昭二『記号論理入門』日本評論社、一九六七

吉田夏彦『論理学』培風館、一九五八

斎藤哲郎『記号論理学』理想社、一九六四

（2） この講義の主旨は次の拙論を解説詳述したものである。

大森、城塚編『論理学のすすめ』筑摩書房、一九七一、第一章「論理と世界」、拙著『物と心』東京大学出版会、一九七六、にも収録。

2 思考とは？

（1） disposition. この概念は英米の現代哲学で頻りに使われてきた。しかし、この新しい概念には十分に定まった日本訳がない。その日本訳が発見され、定着する迄の間に合せとして自分用の意訳語を用いる。

3　思考と言語

(1)　この私が仮に言語覚と呼んだものの元をたどれば恐らくアリストテレスの「共通感覚」にさかのぼるだろう。

6　述語論理

(1)　この表記法はアメリカの指導的論理学者W・V・O・クワイン(Quine)によるものである。クワイン著、中村、大森訳『論理学の方法』岩波書店、一九六一、§23参照

(2)　クワイン著、飯田訳『論理的観点から』勁草書房、一九九二、第I章参照

(3)　tautology. 同語反復と訳されるが、AはAなり、といった繰返しだけではなく、論理的に正しい文は結局の所同語反復と同じように、言葉の意味を繰返すことなのだ、という所からトートロジーと呼ばれている。

7　異なる言語に異なる論理?

(1)　二つの粒子a、bの状態関数は$\Psi(x_a, y_a, z_a, x_b, y_b, z_b)$のような複素関数である。$x_a$、$y_b$等は$a$、$b$の位置座標。この二粒子系の状態を各粒子$a$、$b$の状態の接続として表わすことはできない。更に上の$\Psi$は各粒子の状態関数の積として分解することもできない。

12　人間・脳・コンピュータ

（1）この「重ね描き」という概念は私の他の講義「知識と学問の構造」〔『知の構造とその呪縛』ちくま学芸文庫、一九九四年、二三二頁以下所収〕にも使われている。

（2）この章の考えを雑誌『現代思想』一九八六年二月号〔座談会「脳、機械、自由意志」（大森荘蔵、坂本百大、甘利俊一）〕に口頭で述べた。

13 言語と世界

（1）カント『純粋理性批判』篠田訳、岩波文庫、（上）三三頁

（2）同上　二二四頁以下

（3）同上　二二八頁

14 論理と世界

（1）カント『純粋理性批判』篠田訳、岩波文庫、（上）六五頁

（2）分析判断と綜合判断の区別の問題はその後英米分析哲学の内部で熱心に論議されてきた。ここではその詳細に立ち入って紹介することは控えておく。しかし、「分析的」とか、「言語の意味規則によって」という概念が決して自明なものではなく、更に慎重な反省を必要とする、ということがその結論の一つとなっていることをここで述べておく。

解説　一粒で二度おいしい論理学書

野家啓一

1　はじめに

本書を手に取られ、論理学（とくに記号論理学）の入門的解説を期待された向きは、読み進むにつれて、いささか違和感を覚え、やがては軽い失望を味わわれるに違いない。そう、本書は記号論理学の入門書ではなく、大森荘蔵流の「論理学の哲学」、あるいは論理学に題材をとった大森哲学への入門書にほかならないのである。

そのことは、著者本人が「本書自身は論理学についての論書（メタ論理）の一つとみなせようが記号論理学の教科書ではない」（一九頁）と断っているとおりである。メタ論理的考察、すなわち「論理とは何か?」という問いに答えようとする哲学的思索に付き合うためには、主題である論理学そのものについても多少の予備知識はあった方がよい。もちろん、本書はもともと放送大学の教科書（印刷教材）として執筆されたものであるため、記号論理学の知識は前提されておらず、それなしでも本書を読み通すことはできるし、また本書を通じて論理学の基礎知識を身につけることも可能である。だが、わずかでも予備知識があった方が、本書の面白さは倍加する。それは、サッカーの観戦に際して、オフサイドやオウンゴールなどのルールを知っていた方が楽しめるのと同様である。そのため著者は註で数冊の論理学の教科書を挙げているが（一八三頁）、あいにく品切れや絶版になっているものも多い。ここではそのリストに、比較的最近のものを付け加えておこう。

・野矢茂樹『論理学』東京大学出版会、一九九四年
・丹治信春『論理学入門』ちくま学芸文庫、二〇一四年
・本橋信義『論理――数理論理学はなぜわかりにくいのか』講談社、二〇一四年

いずれも学生時代に大森荘蔵の薫陶を受けた哲学者・論理学者の手になる優れた入門書であり、文句なくお薦めできる。なお、三番目のものはメタ論理的考察を含んでいる点で、本書と問題意識を共有している。

さて、本書を始めから終りまで流れているのは、現代の記号論理学（命題論理と述語論理）を「言語規則説」と呼ばれる立場から再構成しようという一貫した問題意識である。言語規則説とは、「形式論理学は若干の語の意味規則から導出される、という見方」（一六頁）であり、「論理的正しさとは言語規約から生じるものである、という推測」（五一頁）

にほかならない。つまり、論理とは世界の中にあらかじめインプットされている存在論的構造ではなく、われわれが世界を描写する（大森はそれを「制作する」とも言う）際の言語使用のルールだ、という考えである。本書で言えば、四章から六章までが言語規則説に基づく記号論理学（命題論理と述語論理）の再構成に当たる。その詳細に立ち入る前に、背景となっている論理学の歴史を簡単に振り返っておこう。

2　論理学の略歴

カントは『純粋理性批判』の中で、「論理学がこの確実な途をすでにもっとも古い時代から歩んできたことは、アリストテレスいらい一歩も後退する必要がなかったということからも見てとられよう」と述べ、そのうえ「論理学についてさらに注目すべきは、この学はまた今日にいたるまで一歩も進歩することができず、したがってどうみても完結し完成しているように思われることである」（第二版序文、熊野純彦訳）と続けている。要するに、論理学はアリストテレスによって完成されてしまい、それ以来二〇〇〇年もの間、進歩も退歩もしなかったということである。

この論理学とは、アリストテレスが『分析論前書』において体系化した三段論法の理論のことであり、記号論理学と対比して「伝統的論理学」と呼ばれている（大森はこれを

「古典論理学」［一一七頁］と呼んでいるが、最近では古典論理学という呼称は標準的な一階の述語論理を指して用いられるのが普通である）。三段論法については、本書では第九章で記号論理学との関係が論じられている。

伝統的論理学においては、基本単位となるのは概念を表示する語（名辞ともいう）である。主語概念を表示する主語名辞（S）と述語概念を表示する述語名辞（P）を「〜である」という繋辞（コプラ）で結びつけることにより、「SはPである」という判断（現代では「命題」に相当する）が形作られる。この判断を大前提／小前提／結論という三つ組の形に組み合わせたものが推論である。推論とは前提（複数）から結論（単数）を導き出すプロセスのことであり、その典型が三段論法にほかならない。それゆえ、伝統的論理学は概念論、判断論、推理論という三つの部門から成り立っている。

アリストテレスは『分析論前書』の中で、二五六種ある三段論法の格式の中から一九種の「正しい推論型」、すなわち真なる前提から真なる結論を導く推論型を選び出した（一一九頁）。ところで、現代の記号論理学で論理的な正しさを表現しているのは推論型ではなく、論理的に妥当な文の集合、すなわち「妥当文型」である（九〇頁）。さいわい、推論型と妥当文型とは相互に導出することができる。すなわち、正しい推論型X⇒Yから妥当文X→Yを導出できるし、逆もまた可能である（一二一―一二二頁）。この推論型と妥当文型との相互導出関係は、一般に「演繹定理」と呼ばれている。もし三段論法の正しい推論型と記号論理学の妥当文型とが同値であるのならば、伝統的論理学だけで事足りるはずで、何も七面倒くさい記号操作に苦労しながら記号論理学を習得する必要などないのではないか、このように思われるかもしれない。

だが、伝統的論理学には重大な欠陥が存する。それは、述語のうち属性（1-座述語）は扱えるが、関係（n-座述語）が扱えない、という欠点である（七六―七七頁）。そして、関係を扱えなければ、当然ながら数学を表現することができない。たとえば、「最大数に関する文例」で挙げられている「すべての数にはそれより大きな数がある」（八二頁）のような命題を三段論法では表現できないし、もちろんそこに現れている量化記号の「作用域（scope）」の違い（八二―八三頁）も明示できない。最も厳密な論理的推論を誇る数学を表現できなければ、論理学として欠陥商品であることは明らかである。一九世紀は数学が飛躍的に進展した世紀であり、それとともに三段論法を基盤とするアリストテレス流の伝統的論理学に対する不満も蓄積されていった。

そうした論理学の停滞状況を一気に打ち破ったのが、一八七九年にドイツの数学者ゴットロープ・フレーゲが刊行した記念碑的著作『概念記法』であった。この一〇〇頁足らずの小著が、伝統的論理学から現代の記号論理学へという「論理学の革命」を成しとげたのである。フレーゲの最大の功績は、論理学の基本単位をこれまでの「語（word）」ないし「名辞（term）」から「文（sentence）」へと転換させたことにある。これはまさに、クーンの言葉を借用すれば、論理学における「パラダイム転換」と呼べるものであった。それゆえ、最も簡略な論理学の歴史は「古代ギリシャにおいてアリストテレスが「語」を基盤とする伝統的論理学を体系化し、それから二〇〇〇年後にフレーゲが「文」を基盤とする記号論理学を創始した」というたった一言で済ますことができる。

ただし「文」といっても、文には平叙文から疑問文、命令文、感嘆文までさまざまな形態がある。論理学の考察対象となるのは、真偽が明確に定まる直説法の平叙文、すなわち「命題」にほかならない。こうして記号論理学は、命題どうしを命題結合子で結びつけて論理的に正しい恒真命題(トートロジー)を導く「命題論理」と、その命題の内部構造(主語‐述語構造)について量化記号を用いて分析する「述語論理」という二つの部門から構成されている。

しかしながら、フレーゲの『概念記法』は煩雑な記号を使って書かれていたため、すぐには理解されず、一般にも普及しなかった。そんな中で、フレーゲの問題提起の重要性にいち早く気づき、そのアイディアを全面的に展開しようとしたのが、B・ラッセルとA・N・ホワイトヘッドによる現代論理学の金字塔『数学原理(*Principia Mathematica*)』全三巻(一九一〇―一九一三)であった。ゲーデルの「不完全性定理」の発見にいたるその後の現代論理学の展開は、すべてこの『数学原理』の体系を出発点にしたものである。本書で大森が言語規則説の立場から再構成を試みているのも、この体系にほかならない(一一七頁)。

3　言語規則説による論理学の再構成

先にも述べたように、本書で大森が採用している「言語規則説」とは、論理的な正しさや論理的必然性は、世界のあり方とは無関係に言語の使用規則によって決まる、という考え方のことである。つまり、「明日は雪が降るか、または降らないかのいずれかである」という天気予報が百発百中で外れがないのは、明日の天気の状態によるのではなく、この命題が「または」という接続詞の使用規則に基づいた「排中律」という論理法則の一例だからにほかならない(四八頁以下)。

大森は「現代の記号論理学が完成して以来、この言語規則説が論理学者の暗黙の常識となったといえよう」(五一頁)と述べているが、その背景にあるのはR・カルナップを領袖とするウィーン学団によって担われた論理実証主義運動であった。実際、物理学から哲学へと転身した初期の大森は、論理実証主義という思想運動の日本への導入者という役割を果たしていた。彼の学界デビューともいうべき一九五三年に発表された処女論文は、そのものずばり「論理実証主義」(『哲学雑誌』第六八巻七一八号)というタイトルを掲げている。また大森はのちに「言語規則説の再検討」と題する論文をも発表している(後に論文集『言語・知覚・世界』岩波書店、一九七一年、に収録)。興味ある読者は読んでみられれば、そこに本書の原型ともいうべき思索が展開されていることを確認できるであろう。

もちろん、それで本書のオリジナリティが損なわれるわけではない。第四章「論理とは?」で、大森は「われわれは言語によって世界を描写する。ところが、その言語の中には既に様々な意味関係がある。その意味関係を明示的に明記したものが言語規則である」(五九頁)と述べているが、その言語規則を具体的に取り出すことによって論理学を組み立て直そうというのが、本書の企図にほかならない。もちろん、モデルはすでに論理学の教科書にあるとはいえ、それを実際に遂行することとは話が別であり、「たとえ骨格だけとはいえこの作業をするのは本書が初めてである」(五九頁)と大森自身が自負しているとおりである。

その作業は第五章で展開される。論理学の目標は論理的に正しい妥当文の全集合を導出することであるが、その妥当文は天気予報や幾何学や量子力学など特定の領域にのみ通用する「局所的論理(local logic)」であってはならず、領域を問わずに通用する「全域的論理(global logic)」でなければならない(六二―六三頁)。論理学の普遍妥当性と呼ばれるものである。全域的に通用する言葉とは、特定の主題に縛られない、主題に無関係な言葉でなければならないであろう。

だとすれば、名詞、動詞、形容詞などは何らかの意味で主題的であることから、その資格を失う。残るは接続詞と数量詞である。その中から、論理的会話に必要不可欠という観点から四つの接続詞と二つの数量詞が選ばれる。具体的には「かつ（連言）」、「または（選言）」、「でない（否定）」、「もし……ならば（条件法）」という四つの接続詞と「すべて（all）」および「若干の（some）」という数量詞である。これら四つの接続詞は「命題結合子（connectives）」と呼ばれ、命題論理の骨格を形作る。そこにさらに「量化記号（quantifier）」と呼ばれる二つの数量詞（「すべて」を表す普遍記号と「若干の」を表す存在記号）が加わることによって、述語論理が構成される。付け加えておけば、「若干の」という数量詞が「存在記号」と呼ばれるのは、それが「少なくとも一つ存在する」という意味に解釈されるからである。また、四つの接続詞の論理的意味は、六七頁以下の「真理値表」によって与えられている。さらに命題結合子と量化記号には、それを表すために特有の記号が用いられる。そのため現代論理学は記号論理学の名で呼ばれているのである（ただし、どのような記号を当てるかは論理学者によってかなりの幅がある）。

ここで一つお断りをしておかねばならない。大森が本書の旧版（放送大学印刷教材）で用いた論理記号は、アメリカの哲学者・論理学者W・V・クワインが用いた記号体系に準拠したものである（大森は論理学者としてのクワインを尊敬しており、クワインの『論理学の方法』の翻訳者でもある）。しかし、クワインの記号法は今日ではあまり一般的なものとは言えず、標準的な記号法とは少々ずれがある（先に挙げた丹治と本橋の論理学書はこの標準的な記号法を採用している)。そのため標準的な記号法に慣れた読者には、旧版の記号法はいささか読みにくく感じられることであろう。本書文庫版では、読者の便を考え、標準的な記号法を採用することとした。もちろん、それによって大森の論旨が影響されることはまったくない。念のため、下に新旧の記号法の対比表を掲げておく。

ところで、これらの論理結合子と量化記号は、基本的に日本語(または英語)の意味規則から抽出されたものである。だとすれば、言語が異なれば論理結合子や量化記号も異なり、つまるところ論理も異なるのであろうか。それに対する大森の答えは明快である。すなわち「どんな言語をとってもその中で非主題的な語群を探すとなれば日本語の場合と同じく接続詞や総称詞[「すべて」のこと]に行きつくであろう。そしてそれらの意味規則に基づいた論理はほぼ同一のものとなるであろう」(九七頁)というわけである。

この考えは、地球外生物(Extra-Terrestrial)の場合にま

	本文庫の記号法	旧版の記号法
否定(not)	$\neg$	$\sim$
連言(and)	$\wedge$	$\cdot$
選言(or)	$\vee$	$\vee$
条件法(if~then)	$\rightarrow$	$\supset$
普遍記号(all)	$(\forall x)$	(x)
存在記号(some)	$(\exists x)$	$(\exists x)$

で拡張される。もし将来、E・T生物と言語的な交信が可能になるとすれば、「恐らくはその論理は同じか非常に類似したものと推定できるだろう」（一〇七頁）と大森は推測する。その理由は「対話できるということの中には接続詞や総称詞等の基本語が共通かまたは類似しているということが含まれている」（同前）からである。すなわち、論理学の普遍性は宇宙全体にまであまねく広がっている、と言うべきであろう。

ただし、このことは論理学が万能であることを意味しない。論理が言語規則である以上、世界を描写する言語が異なれば（これは日本語や中国語といった自然言語の違いを超えた根本的な異質性という意味である）、たとえばミクロな素粒子の世界を対象とする量子力学の言語においては「量子論理という別段の論理学が必要になる」（一〇三頁）のである。それを大森は「言語によって世界観が決定される」というサピア＝ウォーフのテーゼを逆にして「それぞれの世界観には異なった言語が最適になる」と言い換えている（一〇六頁）。世界が異なれば、それを描写する最適の言語も異なり、それに応じて言語規則である論理もまた異なりうる、というわけである。

4 大森哲学への道しるべ

冒頭で、本書は大森流の「論理学の哲学」であると同時に、論理学に題材をとった大森哲学への入門書でもある、と述べておいた。最後に後者の側面についても触れておきたい。大森は叙述を本書のタイトルである「思考と論理」の考察から始めているが、「思考」という裃を着た表現に代えて、「思い」という、より素朴で日常的な言葉を選ぶところから、すでに大森哲学の田に水は引かれている。それというのも、「思い」は「知覚」と並ぶ大森「立ち現われ一元論」のキーワードだからである。

われわれが世界について知るのは見聞味臭触など五感の知覚経験を通じてであろう。しかもそれは「現在世界の知覚、世界の現在の知覚」（二六頁）にほかならない。それゆえ「存在する」とは「現在見え、聞え、触れる」（同前）ことなのである。それに対して大森は「現存せぬもの」をすべて「思い」と呼ぶ。過去の想起、未来の想像、幾何学的対象、抽象概念など、知覚はできないが心に浮かぶものはすべて「思い（conception）」と総称される。つまり、「知覚」と「思い」とは根本的に異なる経験の二様式、大森用語を使えば「立ち現われ」の二形式なのである。

ただし、知覚と思いとは対立するものではない。というのも、思いなしには知覚は成立しえないからである。たとえば知覚の場面で「机が見える」あるいは「Aさんの後姿が見える」というとき、われわれは表面だけの机、後姿だけのAさんを見ているわけではない。見えているのは表面だけだとしても、われわれはその机は立体的事物であり、裏面をもつものとして見ているのである。また、後姿のAさんが振り向くと、その前姿はのっぺらぼうであるとは誰も考えまい。つまり、大森の言葉を借りれば、「別の視点からの知覚を「思う」ことが参入して初めて現在の知覚がそのような姿の知覚としてありうる」（三一頁）のである。それを大森は「思考が知覚に「籠っている」」（三一―三二頁）あるいは別の論文ではそれを「虚想（fancy）」と表現する（「立ち現われ一元論」および「虚想論」についての詳細は、大森荘蔵『物と心』ちくま学芸文庫、二〇一五年、を参照されたい）。

われわれは通常、言語化以前の経験が言葉によって表現され、想起とはかつて知覚した経験の再現にほかならない、と考えている。大森によれば、こうした常識的解釈は「表現の誤り」を犯しているのであり、いずれも根本的な誤解とされる。すなわち「表現以前の経験という誤りと想起を再体験だとする誤りとは同腹の双生児的誤謬である」（三八頁）というわけである。たとえば、美しい風景を見て「言葉には言い表せない感動」を味わい、それを紀行文に表現したとしよう。しかし、その文章が当の風景を正しく描写している保証はない、と大森は言う。すなわち「言語を一切含まない知覚経験を言語文と比較するなどとは不可能なこと」（四三頁）なのである。それでは彼／彼女は何を描写しているのか。「実は、経験の言語化とはその経験の言語的想起なのではないか」（四四頁）、これが大森の回答である。いわば想起においては、過去の知覚経験が再現されるのではなく、「過去経験が原初的に経験される」のであり、それゆえ「その想起が過去経験を制作する」とまで言われるのである（四五頁）。これが後期大森時間論の骨格をなす「想起過去説」ないしは過去の「言語的制作説」の要諦にほかならない。

もう一つ、本書の第一二章では、大森哲学の一角をなす「重ね描き」と「無脳論」につながる論点が開示される。現代では情報科学や脳科学の進展に伴い、「コンピュータが計算する」や「脳が計算する」のような表現がしばしば用いられる。大森はそれを「機能的同類化」（一五〇頁）と呼び、そこに潜む危険を警告する。たしかに「私が計算する」ということは「（私の）脳に脳過程（計算）が生じている」ことにほかならない。大森は「この常識的表現と科学的表現を同一事態の二通りの異形表現だとみるべきではなかろうか」（一五四頁）と提案する。それを彼は「重ね描き」と呼ぶ。ところが、「脳が計算する」という命題は、この両者を混交して繋ぎ合わせた表現であり、大森はそれを「キメラ命題」と名づけている。そしてキメラ命題は誤っているのではなく、そもそも真偽を判定すべき意味を欠いたナンセンス（無意味）な命題なのである。

最後に、大森がみずからの哲学をカントの認識論に重ね合わせている点に注意を促したい。まず大森は、言語は言語外にある世界のあり方を正確に写し取るものだという反映論的な考え方を拒否する。むしろ言語は「極端にいえば世界のありさまを制作しているとさえ言えるほどではないか」（一六〇頁）あるいは「言語が世界のあり様を制作するのだ」（一六九頁）とまで言うのである。そして、そうした言語的制作の考えの源流をカントの図式論の中に求める。ただし、カントは「言語」を主題とはせず、「概念」にその役割を負わせたがために、両者の共通性が見えにくくなっている、というのである。大森はカントの論点を「犬という概念の図式はあの犬この犬といった個々の犬のイメージ(形像)ではなくて一般に犬なるものを描きあげる規則を図式と呼ぶのである」(一六六頁)と要約する。さらにこの論点を敷衍して「ここで犬という概念はまさに「犬」という言葉に他ならない。それゆえ、犬という言葉が客観的対象としての一匹の犬を制作するのだ、と言い換えることができるだろう」(同前)と結論する。まさに換骨奪胎とでも表現すべき言い換えであるが、カントももって瞑すべしというところであろう。

言語が世界のあり様を制作する、とは一見すると極端な主張にも見えようが、大森の真意は「無意味な世界に人間的意味を与えること、それが言語の働きなのである」(一七〇頁)というところにこそある。そして「その人間的意味を剝ぎとった世界を自然科学が描写する」(一六九頁)のであり、そこに「重ね描き」が成立する根拠が存する。さらに、この言語によって人間的意味を与えられた世界というイメージには、大森が最後に到達した「天地有情」の境地すら垣間見させているようである。

このように見てくると、本書は巧まずして大森哲学のアルファとオメガを本人が自己解説している著作のようにも見えてくる。他人の作品をダシにおのれの夢を語るのが批評だと言ったのはたしか小林秀雄であったが、その伝でいけば、本書において大森は論理学をダシにおのれの哲学を語っているのである。その意味で本書は、言語規則説を基盤にした大森流の「論理学の哲学」を学びながら、同時に当人が大森哲学という迷路の錯綜した巨大な森への道案内もしてくれるという「一粒で二度おいしい」論理学書なのである。

（のえ　けいいち・東北大学総長特命教授・哲学）

本書は、一九八六年三月、放送大学教育振興会より刊行され、その後一九九八年十一月、『大森荘蔵著作集 7』（岩波書店）に収録された。

命題コレクション　哲学　坂部恵・加藤尚武 編

ソクラテスからデリダまで古今の哲学者52名の思想について、日本の研究者がひとつの言葉（命題）を引用しながら丁寧に解説する。

命題コレクション　社会学　作田啓一・井上俊 編

社会学の生命がかよう具体的な内容を、各分野の第一人者が簡潔かつ読んで面白い48の命題の形で提示した、定評ある社会学辞典。（近森高明）

貨幣論　岩井克人

貨幣とは何か？　おびただしい解答があるこの命題に、『資本論』を批判的に解読することにより最終解答を与えようとするスリリングな論考。

二十一世紀の資本主義論　岩井克人

市場経済にとっての真の危機、それは「ハイパー・インフレーション」である。21世紀の資本主義のゆくえ、市民社会のありかたを問う先鋭的論考。

相対主義の極北　入不二基義

絶対的な真理など存在しない——こうした相対主義の論理を極限まで純化し蒸発させたとき、そこに現れる「無」以上の「無」とは？（野矢茂樹）

増補　ソクラテス　岩田靖夫

ソクラテス哲学の核心には「無知の自覚」と倫理的信念に基づく「反駁的対話」がある。その意味と構造を読み解き、西洋哲学の起源に迫る最良の入門書。

スピノザ『神学政治論』を読む　上野修

聖書の信仰と理性の自由は果たして両立できるか。スピノザはこの難問を、大いなる逆説をもって考え抜いた。『神学政治論』の謎をあざやかに読み解く。

知の構築とその呪縛　大森荘蔵

西欧近代の科学革命を精査することによって、二元論による世界の死物化という近代科学の陥穽を克服する方途を探る。（野家啓一）

物と心　大森荘蔵

対象と表象、物と心との二元論を拒否し、全体としての立ち現われが直にあるとの立ち現われ一元論を提起した、大森哲学の神髄たる名著。（青山拓央）

現代思想の冒険　竹田青嗣

「裸の王様」を見破る力、これこそが本当の思想だ！　この観点から現代思想の流れを大胆に整理し、明快に解読したスリリングな入門書。

自分を知るための哲学入門　竹田青嗣

哲学とはよく生きるためのアートなのだ！　その読みどころを極めて親切に、とても大胆に元気に考えた、斬新な入門書。哲学がはじめてわかる！

恋愛論　竹田青嗣

誰もが一度はあらがいがたく心を奪われる〈恋愛〉。人生の本質をなす、この不思議な力に迫り、人間の実存に新たな光を与えた名著。　（菅野仁）

プラトン入門　竹田青嗣

哲学はプラトン抜きには語れない。近年の批判を乗り越え、普遍性や人間の生をめぐる根源的な思索者としての姿を鮮やかに描き出す画期的入門書！

眼の隠喩　多木浩二

「世界は見るべき謎ではなく、見られるべくつくられている」。思想・写真・美術・建築などの幅広い分野に足跡を残す著者の代表作。　（内田隆三）

統計学入門　盛山和夫

統計に関する知識はいまや現代人に不可欠な教養だ。その根本にある考え方から実際的な分析法、さらには陥りやすい問題点までしっかり学べる一冊。

論理学入門　丹治信春

大学で定番の教科書として愛用されてきた名著がついに文庫化！　完全に自力でマスターできる「タブロー」を用いた学習法で、思考と議論の技を鍛える！

論理的思考のレッスン　内井惣七

どうすれば正しく推論し、議論に勝てるのか。なぜ、どこで推理を誤るのか？　推理のプロから15のレッスンを通して学ぶ、思考の整理法と論理学の基礎。

日本の哲学をよむ　田中久文

近代を根本から問う日本独自の哲学が一九三〇年代に生まれた。西田幾多郎・田辺元・和辻哲郎・九鬼周造・三木清による「無」の思想の意義を平明に説く。

ちくま学芸文庫

思考と論理

二〇一五年十一月十日　第一刷発行

著　者　大森荘蔵（おおもり・しょうぞう）
発行者　山野浩一
発行所　株式会社　筑摩書房
東京都台東区蔵前二―五―三　〒一一一―八七五五
振替〇〇一六〇―八―四一二三
装幀者　安野光雅
印刷所　株式会社精興社
製本所　株式会社積信堂

乱丁・落丁本の場合は、左記宛にご送付下さい。
送料小社負担でお取り替えいたします。
ご注文・お問い合わせも左記へお願いします。
筑摩書房サービスセンター
埼玉県さいたま市北区櫛引町二―六〇四　〒三三一―八五〇七
電話番号　〇四八―六五一―〇〇五三

ISBN978-4-480-09708-8 C0110